CW01240138

Manual de psicoterapias breves

EDMOND GILLIÉRON

Títulos da colecção

1. Dennis Brown e Jonathan Pedder, *Princípios e Prática das Psicoterapias*
2. Bernard Gibello, *A Criança com Perturbações da Inteligência*
3. Edmond Gilliéron, *Manual de Psicoterapias Breves (2.ª ed.)*
4. Maurice Berger, *A Criança e o Sofrimento da Separação*
5. Bernard Gibello, *O Pensamento Incontido*
6. Neville Symington, *A Experiência Analítica*
7. Moses Laufer (coord.), *O Adolescente Suicida*
8. Simone Decobert e François Sacco (coord.), *O Desenho no Trabalho Psicanalítico com a Criança*
9. Edmond Gilliéron, *A Primeira Entrevista em Psicoterapia*
10. José Guimón, *Introdução às Terapias de Grupo*
11. Gérard Bléandonu, *As Consultas Terapêuticas Pais-Filhos*
12. Celeste Malpique, *O Fantástico Mundo de Alice. Estudos sobre a Puberdade Feminina*
13. Jaime Milheiro, *Adão e Eva no Deserto. Um Olhar Psicanalítico*
14. Marisalva Fernandes Fávero, *Sexualidade Infantil e Abusos Sexuais a Menores*
15. Filipe Sá, *Psicoterapia Analítica de Grupo com Crianças no Período de Latência*
16. Gérard Bléandonu (coord.), *O Apoio Terapêutico aos Pais*
17. Luísa Barros, *Perturbações de Eliminação na Infância e na Adolescência. Da Prevenção ao Controlo*
18. Sátya Sousa, *Estilos de Comunicação Pais-Bebé*

psicológica 3

Manual de psicoterapias breves

EDMOND GILLIÉRON

CLIMEPSI
EDITORES

Título original	*Manuel de psychotérapies breves*
Autor	E. Gilliéron
Copyright	© Dunod, Paris, 1997
Tradução	Dr.ª Maria Helena Mouat
Revisão técnica	Dr.ª Maria do Carmo Cruz
Capa	Roberto Medeiros
Revisão	Fernanda Fonseca
Paginação	Marina Piedade Ferreira
Impressão e acabamento	Manuel A. Pacheco - Artes Gráficas, Lda.

ISBN 972-796-119-3
Depósito legal n.º 211652/04

1.ª edição, Lisboa, Março de 1998
2.ª edição, Lisboa, Maio de 2004

Reservados todos os direitos para

CLIMEPSI EDITORES
CLIMEPSI – Sociedade Médico-Psicológica, L.da
Rua Pinheiro Chagas, 38, 1.º D.to
1050-179 Lisboa – Portugal
Telefone: +351 21 317 47 09
Fax: +351 21 352 85 74
E-mail: info@climepsi.pt
www.climepsi.pt

Nenhuma parte deste livro pode ser reproduzida por qualquer processo, incluindo a fotocópia, transmitida ou traduzida em linguagem máquina sem a autorização por escrito do editor.

ÍNDICE

Agradecimentos	13
Prefácio à edição portuguesa	15
A questão da mudança: doença ou anomalia?	17

1. A construção do enquadramento psicanalítico 21
    As perturbações psíquicas ao longo da História 22
    Especificidade da posição psicanalítica 23
    Psicanálise e temporalidade 25
    A propósito da duração das curas 26
    Depois de Freud 28

2. Freud e a questão técnica 31
    A propósito do enquadramento psicanalítico 32

3. Precursores e dissidentes: das psicoterapias psicanalíticas breves ao eclectismo terapêutico 41
    Otto Rank e Sandor Ferenczi 43
    Franz Alexander 47
    Alfred Maeder 49
    A «corrente breve» e o seu desenvolvimento 49
    Conclusão 52

4. Alguns modelos de psicoterapias breves 55
    Bellak e Small 55
    K. Lewin 56
    M. Balint e D. Malan 58
    P. Sifneos 59
    H. Davanloo 63
    H. Strupp 64

    L. Luborsky 65
    A propósito da transferência inicial dos psicoterapeutas 67

5. **A dinâmica das psicoterapias** 69
    A propósito da duração dos tratamentos psicológicos 70
    O que é uma psicoterapia? 72
    Algumas noções sobre o enquadramento 74
    Para uma metateoria 81

6. **As psicoterapias breves em Lausana** 89
    O enquadramento e os seus escolhos 92
    Causalidade linear, causalidade circular 94
    Cronicidade e mudança 97

7. **Organização de personalidade e relação terapêutica** 99
    A questão do diagnóstico em Medicina 99
    Organizações e estruturas segundo J. Bergeret 101
    Um modelo teórico integrativo 103
    A relação interpessoal 104
    Características relacionais fundamentais 107

8. **Do enquadramento temporal ao tempo vivido** 111
    A construção do tempo relacional 113
    Psicoterapia e dialéctica momento/duração 117
    Conclusão 125

9. **Do divã para o sofá** 127
    Parâmetros não verbais de uma relação afectiva 128
    O face a face em psicoterapia 129

10. **A investigação psicodinâmica breve: a técnica das quatro sessões** .. 133
    A construção da hipótese psicodinâmica 133
    Exemplo (*Barbie*) 133
    Decisão terapêutica (quarta sessão) 139

11. **O processo psicoterapêutico** 145
    Conceitos psicanalíticos e psicoterapia psicanalítica 146
    Psicoterapia psicanalítica breve 149
    Conclusão 168

Conclusão 169
Bibliografia 173
Índice remissivo 179

Aos meus pais

«Temos de refrear o nosso desejo de controlar este mundo que tão mal compreendemos. Não deixemos a consciência da imperfeição do nosso saber alimentar a nossa angústia e, por conseguinte, a nossa necessidade de controlo. Inspiremos antes as nossas pesquisas num motivo antigo e, infelizmente, menosprezado nos nossos dias: a simples curiosidade por este mundo de que fazemos parte. A recompensa desta atitude não é o poder, mas sim a beleza.

Porque é bem singular o facto de todos os grandes progressos científicos – e os de Newton não são os menos marcantes – terem sido elegantes.»

G. Bateson, *Vers une écologie de l'esprit*, Le Seuil.

AGRADECIMENTOS

Agradecemos a todos os nossos pacientes que nos relevaram muitos erros, ajudando-nos assim a progredir; aos nossos alunos e aos nossos colegas que, através das suas perguntas ou críticas, nos permitiram aperfeiçoar o nosso pensamento.

Agradecemos muito particularmente a Aude Eggiman, psicóloga, e ao Doutor Jean Bovet, que se dispuseram a rever todo o manuscrito ou parte deste. Finalmente, não podemos esquecer a nossa secretária, L.-E. Ruchti, que não se poupou a esforços para nos ajudar a organizar as inúmeras notas que estão na base desta obra.

PREFÁCIO À EDIÇÃO PORTUGUESA

O autor já nos habituou a análises bastante cuidadosas, do ponto de vista teórico, ao fenómeno das psicoterapias breves, procurando as suas origens bem no início da psicanálise e revelando as preocupações de Freud, as dissidências e o trabalho pioneiro de Ferenczi, talvez o primeiro analista a valorizar em termos quase actuais as relações interpessoais e, consequentemente, as teorias de relação de objecto.

O problema da duração de uma análise ou de uma psicoterapia de inspiração psicanalítica passa sempre pela questão das resistências. O grande esforço da psicoterapia breve tem sido, em grande parte, a investigação e aplicação de processos que trabalhem as resistências de uma forma mais rápida, desde meios bioenergéticos, relaxamento, confrontação sistemática, etc. Mas, e Gilliéron aborda-o com perspicácia, a procura de soluções esteve quase sempre ao nível do aparelho metapsicológico, como Freud propunha, e não no próprio método de cura. É assim necessária uma metateoria, aproveitando a formação do autor em teoria sistémica. Aliás, observa Gilliéron, o período do alargamento da duração da psicanálise, a partir de 1905, coincide com dissidências importantes: Adler, em 1911, Steckel, em 1912, e Jung, em 1913.

Vários aspectos são observados com rigor neste livro, nomeadamente a relatividade das classificações, a discussão sobre o dispositivo e o problema da mentalização dos conflitos, entre outros. Um dos aspectos originais das teses de Gilliéron reside no facto de focar com persistência os problemas do dispositivo, permanecendo, no entanto, tanto quanto possível dentro do quadro teórico psicanalítico freudiano. Por exemplo, o facto de o face a face favorecer as transacções afectivas ou a configuração temporal condicionar directamente o decorrer da psicoterapia breve são elementos que vêm há anos preocupando o autor. A visão sistémica permitiu a Gilliéron reformular as causalidades psíquicas habituais e ler nas relações interpessoais, neste caso entre cliente e psicoterapeuta, uma forma de comunicação decifrável, não estática e acompanhada por diferentes níveis diagnósticos. A integração que este modelo de psicoterapia breve propõe constitui um exemplo do enriquecimento da teoria psicanalítica por outras abordagens, com a condição de ser feita com o cuidado que Gilliéron demonstra.

Para o leitor português, este livro é precioso, visto que dá uma imagem actual da eficiência da psicoterapia breve, nem melhor nem pior que outras técnicas, proporcionando ao mesmo tempo uma revisão de conceitos de outros autores, defendendo a elasticidade dentro do rigor.

Não dispensando a literatura anglo-saxónica sobre a matéria, este livro europeu é uma obra de agradável leitura e preenche uma fatia importante do panorama da psicoterapia breve em geral.

Pedro Lau Ribeiro
Presidente da Sociedade Portuguesa
de Psicoterapias Breves

A QUESTÃO DA MUDANÇA: DOENÇA OU ANOMALIA?

Parece-nos importante lembrar antes de mais que o nosso interesse principal incide nas possibilidades de aplicação do pensamento psicanalítico à psiquiatria geral. Foi no âmbito desta investigação que nos debruçámos sobre a questão das psicoterapias breves e, depois, sobre a mudança psíquica em geral, para chegarmos mais precisamente a um estudo aprofundado da psicodinâmica das primeiras sessões na psiquiatria ambulatória.

Começaremos por abordar a questão da mudança psíquica, antes de analisarmos mais especificamente a das psicoterapias psicanalíticas breves e a das intervenções psicoterapêuticas em quatro sessões, técnica que desenvolvemos recentemente. Ocupar-nos-emos, pois, exclusivamente de técnicas de intervenção individuais *verbais*, aplicáveis a pacientes dotados de algumas capacidades de *elaboração*. Todavia, o modelo de referência é aplicável ao conjunto da psicopatologia, na medida em que se fundamenta na compreensão psicodinâmica das *motivações* que levam o paciente a consultar um psiquiatra, bem como na teoria da mudança psíquica.

O nosso interesse pelas psicoterapias breves foi despertado por vários factores ligados às condições da nossa formação e por problemas que foram sendo levantados por alguns pacientes.

Os primeiros anos da nossa formação em psiquiatria foram marcados por um duplo constrangimento: paralelamente à nossa especialização num serviço de psiquiatria de orientação psicanalítica, fomos levados a participar em importantes investigações comparativas de orientação sistémica sobre o funcionamento de famílias de pacientes esquizofrénicos, depressivos ou neuróticos e afigurou-se-nos na altura impossível não integrar, nesse nosso trabalho psicanalítico, os conhecimentos sistémicos adquiridos.

Com efeito, pudemos verificar que o conhecimento aprofundado da teoria da comunicação não só ajudava a estabelecer com rapidez e exactidão diagnósticos que os nossos colegas mais experientes tinham dificuldade em elaborar, como também permitia por vezes chegar a soluções positivas para situações que, até então, pareciam impossíveis de resolver. Pareceu-nos portanto lógico centrar a nossa atenção nas eventuais articulações entre teoria psicanalítica e abordagem sistémica e, logo de início, ao contrário do que habitualmente faz a maioria dos autores que se *opunham a estes modelos*, interessámo-nos pelos seus pontos comuns, com a convicção de que isso permitiria melhorar o nosso conhecimento do ser humano. Em nossa opinião, a confrontação destas duas abordagens só poderia favorecer o seu enriquecimento mútuo.

Foi partindo deste propósito que nos interessámos pela relação de causalidade que une a técnica do terapeuta à mudança psíquica operada no paciente e que comparámos as dinâmicas e os efeitos eventualmente específicos das diversas técnicas terapêuticas inspiradas na psicanálise, tais como as psicoterapias de grupo, as terapias conjugais e familiares e, em especial, as psicoterapias breves. Era justamente aí que a abordagem sistémica revelava ser a mais eficaz, uma vez que oferecia uma visão global da situação, remetendo-a para uma *relação de causalidade circular*.

Poder-se-ia afirmar que são sempre os pacientes que indicam o caminho a seguir. Ilustra-o um pequeno episódio clínico. No início da nossa prática ambulatória, fomos consultados por um paciente com mais de onze anos de psicoterapia psicanalítica no seu activo e que recorria à nossa ajuda porque, segundo dizia, continuava com «um problema de culpabilidade por resolver». Era perfeccionista e desperdiçava muito tempo do horário de trabalho, o que irritava o patrão. Estava convicto de que essa tendência obsessiva provinha de problemas de rivalidade não resolvidos. Na realidade, este homem apresentava uma carapaça obsessiva extremamente rígida e parecia-nos muito difícil propormo-nos acompanhá-lo outros dez anos.

Influenciados pela leitura de uma obra de Franz Alexander, interrogámo-nos então sobre a possibilidade de ajudar este homem durante um período mais reduzido e, fundamentando-nos nos nossos conhecimentos sistémicos, decidimos, após reflexão, manifestar-lhe a nossa *estranheza pelo facto de ainda desejar mudar*. Não tínhamos, de facto, a certeza de que as suas obsessões constituíssem um grande entrave. O seu perfeccionismo era de enorme utilidade. Não cometia praticamente erros no trabalho e, aliás, deduzia-se do que nos contava que o patrão estava encantado. Seria então realmente útil a mudança? O efeito produzido por esta simples intervenção foi fulgurante. O paciente viu desvanecerem-se quase integralmente as suas obsessões e desistiu do pedido de psicoterapia. Este resultado foi para nós muito importante e incitou-nos a estudar os problemas técnicos da psicoterapia.

Outros pacientes conduziram-nos noutros sentidos, mostrando-nos a importância do enquadramento temporal. Aconteceu várias vezes vermo-nos forçados a cessar tratamentos, prematuramente segundo pensávamos, devido a circunstâncias exteriores como, por exemplo, a mudança do paciente para um país estrangeiro. Sempre que isso se verificou, pudemos verificar que essa limitação temporal beneficiava a terapia ao acelerar o processo.

Estas observações incitaram-nos a considerar as psicoterapias de um ponto de vista empírico e a interessar-nos pela questão da mudança psíquica.

Isto levou-nos a desenvolver algumas reflexões teóricas sobre o papel das formações psíquicas no equilíbrio global da personalidade, bem como a tentarmos definir técnicas de interpretação mais adequadas, susceptíveis de provocar mudanças psíquicas autênticas e duráveis e ainda condições mais apropriadas ao exercício da actividade do psicoterapeuta.

É sabido que em psicopatologia o conceito de doença, tal como é entendido e aplicado em medicina somática, raramente é utilizável. Poucas são as síndromes atribuídas a uma causa unívoca e, com os progressos da medicina, cada vez menos se contesta o facto de que a maioria das doenças pode ter várias origens e que, em geral, resulta da combinação de diversos factores. Além disso, há inúmeras perturbações que não podem ser classificadas como doenças reais, o que acontece no foro da psiquiatria com algumas depressões ditas *major*, alguns estados maníacos, algumas neuroses sintomáticas graves (obsessivo-compulsiva, fobia ou histeria), etc. Assim sendo, a mudança não poderia ser medida em termos de cura e acabamos naturalmente por falar em *normalidade* e *anomalia* e a opor o «normal» ao «patológico» e não mais a «saúde» à «doença».

Note-se que não é, de modo algum, mais simples raciocinar em termos de saúde e doença, uma vez que há muitas situações em que os critérios variam consoante nos coloquemos do lado do doente ou na posição do médico. Tal como recordava Ajuriaguerra, o doente pode sentir-se doente e não estar doente aos olhos do médico (perturbações ditas funcionais), saber-se doente sem o sentir (diabetes, pré-cancerose), estar doente sem o saber e sentir (lesões as sintomáticas descobertas através de exames de rotina). Para o médico, o diagnóstico tem como base uma *análise de sinais objectiváveis*, sinais estes que ele procura à luz dos seus conhecimentos. Parte assim de uma grelha constituída por um certo número de dados concretos que vai tentar encontrar no paciente. Tudo o que não constar dessa grelha escapar-lhe-á, sendo algo pertencente a um mundo desconhecido. Ora acontece que, demasiadas vezes, esse desconhecido é para o médico o mundo psíquico e, para o psicanalista, o mundo orgânico.

Se considerarmos a personalidade na sua globalidade, aperceber-nos-emos claramente da necessidade de integrar, na apreciação dos fenómenos patológicos, o conjunto dos factores objectivos, subjectivos e ambientais, para *todas as doenças*, mesmo que somáticas. Assim, o estudo da mudança (ou da «cura») deverá abranger o *conjunto* destes factores e qualquer tratamento deverá ter como base a concepção *global da personalidade*; quanto aos meios terapêuticos utilizados, estes deverão ser definidos em função dos *factores dinâmicos* que tenham desencadeado a *crise*.

Na nossa actividade, tivemos muitas ocasiões de observar os efeitos nocivos causados por uma posição demasiado unitária (somática, intra-subjectiva ou social) e poderíamos enumerar aqui múltiplos exemplos dos malefícios provocados por essa concepção: tendência para a cronicidade de uma perturbação devido à obstinação do médico em limitar a sua análise dos factos ao ponto de vista da medicina somática, graves regressões causadas pela incapacidade do psicanalista de ter em conta a importância do meio envolvente do paciente, etc.

A nossa concepção, que abrange o conjunto da psicopatologia, visa determinar para cada caso o método terapêutico ideal em eficácia ou custos, tendo em conta não só as *expectativas* do paciente, mas também as suas *possibilidades*. Esta concepção necessita, pois, de uma abordagem precisa que implique um *diagnóstico*, um ponto de vista etiológico e uma técnica *terapêutica* adequada. Trata-se, portanto, de uma perspectiva *médica* da psicoterapia que poderá colidir com a dos psicanalistas que se recusem a elaborar um diagnóstico ou com a dos «organicistas» que rejeitem qualquer psicogénese!

1 | A CONSTRUÇÃO DO ENQUADRAMENTO PSICANALÍTICO

Será difícil termos a noção da importância das psicoterapias breves se não nos situarmos no que diz respeito à evolução do próprio pensamento psicanalítico. Para tal, é necessário compreender como Freud concebeu o enquadramento psicanalítico (o enquadramento da cura) e o modelo do aparelho psíquico. Há que compreender os obstáculos que se interpuseram no seu caminho e as soluções que encontrou para os ultrapassar. Estes obstáculos eram e ainda são de duas ordens: a prevalência do biológico e as resistências dos pacientes. Uma vez que já abordámos esta questão numa outra obra (1994), não a retomaremos nos seus pormenores e limitar-nos-emos a recordar alguns pontos para maior clareza.

M. Balint e D. Malan insistiram ambos na tendência da maior parte das psicoterapias em alongar-se no tempo, tendência já mencionada por S. Freud. Para compreender este fenómeno, é indispensável agora levantar a questão não só dos efeitos do dispositivo (espacial e temporal) da cura analítica sobre os fenómenos observados, mas também do impacte de alguns acontecimentos na evolução do pensamento (modelo teórico). E isto porque, na nossa opinião, a articulação entre realidade externa e realidade interna (relativa ao processo de mentalização) ainda não é suficientemente conhecida, não obstante os esforços desenvolvidos. É de facto surpreendente verificar que, apesar de o aparecimento das psicoterapias analíticas breves se inscrever na evolução do movimento psicanalítico, este pode ser definido quer como o início quer como uma reacção à dita evolução, nomeadamente, ao prolongamento considerável dos tratamentos (Freud, Breuer, 1895). Assim, há que considerar o advento dos métodos terapêuticos breves de orientação psicanalítica como sendo uma componente do processo dinâmico que fez da psicanálise moderna o que esta é hoje, componente muitas vezes classificada de «resistência», tal como veremos mais adiante. Frisemos desde já que muitas técnicas de psicoterapias breves consistem numa revalorização do papel activo do psicoterapeuta *parecendo* assim opor-se à neutralidade do psicanalista preconizada por Freud. Contudo, sabemos que se, por um lado, o movimento psicanalítico encontrou de imediato uma forte oposição exterior, por outro, foi também palco de inúmeros conflitos internos – violentos muitas vezes –, discussões e reavaliações, a tal ponto que deram lugar a uma reflexão teórica aprofundada por parte de Serge Viderman (1970, 1974).

É certo que todas as ciências são incessantemente reformuladas e revistas, mas raras são aquelas em que as divergências de opinião tenham provocado tomadas de posição tão apaixonadas. As tentativas de luta contra o prolongamento crescente das curas engendraram divergências causadoras dos maiores conflitos. Os membros mais «ortodoxos» do movimento psicanalítico classificavam-nas quase sempre de «resistências». Admitiam mais facilmente as limitações das possibilidades terapêuticas da psicanálise do que a ideia de que alguma modificação técnica pudesse vencer essas «resistências» (1968). O próprio Freud (1919) parece, todavia, ter sido menos radical do que os seus alunos e tentou utilizar alguns meios técnicos propostos por exemplo por Ferenczi (1919) ou Rank. Não podemos deixar no entanto de reconhecer que renunciou a eles rapidamente, preferindo procurar uma explicação metapsicológica para a questão da duração das curas a reflectir sobre os problemas técnicos (1989). Esta atitude, que talvez corresponda a uma necessidade profundamente enraizada no Homem, teve sem dúvida forte influência na evolução das investigações psicanalíticas. Com efeito, basta pensarmos na enorme importância que, na literatura psicanalítica, vêm progressivamente adquirindo as publicações que versem temas metapsicológicos, quando comparadas com textos clínicos. A ideia subjacente a esta tomada de posição parece ser a de que se o pai da psicanálise, sempre tão indiferente à hostilidade dos seus opositores, renunciou a certos procedimentos que ele próprio instaurara, terá sido por alguma razão válida e que se justificava, portanto, seguir-lhe o exemplo. Mas é justo que nos interroguemos se este se trata de um gesto reflectido ou de um recuo perante um obstáculo. Embora esta mesma dúvida tenha surgido a muitos outros (Ferenczi, Alexander e, mais tarde, Balint, etc.), não nos parece inútil voltar ao assunto. Assim, situaremos em primeiro lugar e muito sucintamente o aparecimento da psicanálise no contexto científico da época, e retomaremos a discussão sobre a dimensão temporal e, em especial, sobre a duração da cura.

As perturbações psíquicas ao longo da História

Após o longo período em que as doenças da alma eram atribuídas a causas divinas, durante os séculos XIX e XX, as concepções etiológicas oscilam constantemente entre o organicismo radical e o psicologismo ou mesmo sociologismo igualmente categóricos. Com o surgimento do racionalismo dos séculos XVIII e XIX, alimentou-se a esperança de poder atribuir uma causa *orgânica* a todas as perturbações psíquicas. Depois, com o advento da psicanálise, em fins do século XIX, foram essencialmente valorizados os aspectos intra-subjectivos dos problemas: uma espécie de conflito existente no seio do psiquismo entre ideias contraditórias estava na origem das perturbações mentais. Um pouco mais tarde, surgiu a corrente culturalista que se interessou pela influência que podia exercer o *meio sociocultural* na eclosão das dificuldades psíquicas. Durante muito tempo ainda, assistir-se-ia a essas disputas frequentemente amargas entre os partidários dessas diferentes tendências. No entanto, a orientação actual não é mais a oposição entre esses diferentes pontos de vista, mas antes uma tentativa de *integração*. É o que se chama a abordagem *biopsicossocial*, em que toda a perturbação psíquica deve ser vista segundo os três ângulos: *orgânico* (biológico), *psicológico* (intrapsíquico) e *social* (influência do meio).

Especificidade da posição psicanalítica

A psicanálise ocupa um lugar específico nesta evolução e o seu nascimento caracteriza-se pela criação do *modelo do inconsciente*. Esta invenção surgiu graças a duas renúncias:

1. Renúncia à teoria do traumatismo psíquico externo (influência do meio).
2. Renúncia à publicação de *Esquisse d'une psychologie scientifique (Esboço de Uma Psicologia Científica)* (1985) (influência biológica).

Com efeito, numa primeira fase (1895), Freud atribuíra as perturbações psíquicas a um traumatismo ocorrido na infância do sujeito, traumatismo esse que teria deixado sequelas no adulto. Nessa mesma época, ele tentara construir uma teoria que relacionasse as dificuldades psicológicas com o funcionamento neurológico (1895). Este ensaio fundamenta-se no conceito de quantidade e na teoria dos neurónios. Ele quisera reunir num único sistema a teoria dos fenómenos psíquicos «inconscientes» e a neurologia. Admitindo o seu fracasso, acabou por desistir da publicação deste ensaio.

Este movimento de renúncia baseia-se num afastamento duplo:

1. Afastamento da *realidade externa*. As perturbações são atribuídas ao funcionamento intrapsíquico e não aos eventuais traumatismos reais provocados pelo meio.
2. Afastamento da *neurofisiologia*. A origem das perturbações psíquicas deixa de ser atribuída a uma lesão neuroanatómica identificável.

Note-se que a questão da realidade do traumatismo, presente desde os primórdios, será constantemente retomada nos debates psicanalíticos. Estará, aliás, no centro do debate que opôs Freud a Ferenczi nos anos 30. Seja como for, o facto de Freud pôr em questão a realidade factual e a realidade psíquica constitui uma viragem epistemológica fundamental na elaboração do pensamento psicanalítico.

A psicanálise torna-se assim numa teoria da *intra-subjectividade*, fundamentando-se essencialmente a cura psicanalítica no conceito de *intersubjectividade*, termo utilizado para descrever a relação do psicanalista com o seu paciente. Numa abordagem deste tipo, os fenómenos humanos são examinados de um ângulo essencialmente *subjectivo*. O sujeito que o psicanalista observa é o centro de um universo que só ele conhece, visto que foi ele que o construiu. Para aceder a esse universo, o psicanalista parte da sua própria subjectividade e raciocina por *analogia* (dita «identificação»), o que significa que a realidade psíquica do outro é desconhecida. Apenas conseguirá uma aproximação conquanto crie as condições adequadas para que ela se revele (dando ao outro o máximo de espaço e apagando-se a si próprio). Proporcionar estas condições é justamente a função do dispositivo da cura *(setting)*. Mas as interpretações do psicanalista, baseadas nas associações do paciente, não deixam por isso de conservar o seu carácter aleatório.

Todos os estudos sobre o sujeito põem em evidência a grande dificuldade que os psicanalistas têm de aceitar uma interpretação única de um dado material. Nem na área mais concreta dos mecanismos de defesa, os psicanalistas conseguem partilhar a mesma opinião (1992). Diversos conceitos poderão explicar esta dificuldade: sobredeterminação dos sintomas, condensação, formação de compromisso, interpretação excessiva. Todas estas noções têm como finalidade fazer emergir as múltiplas facetas de uma mesma manifestação sintomática. Assim sendo, podemos interrogar-nos sobre a possibilidade de entendimento quanto à maneira de ver e interpretar os sintomas de um paciente. Sendo a nossa subjectividade o único ponto de referência, que poderemos dizer de aceitável para os outros a propósito de uma manifestação psíquica qualquer?

Podemos então interrogar-nos sobre o valor da noção de intersubjectividade. Não seria bem mais vantajoso considerar os processos psíquicos manifestações específicas resultantes de condições específicas? Nesta perspectiva, poderíamos relacionar qualquer coisa totalmente subjectiva (fantasmas, por exemplo) com outra mais objectiva, o contexto em que ocorrem essas manifestações. As manifestações subjectivas seriam assim o *único comportamento possível e coerente de um paciente num dado contexto e em função da sua personalidade*. A conexão entre o comportamento e o contexto permitira inferir a organização da personalidade do sujeito. Foi esta a opção que escolhemos, admitindo que o funcionamento psíquico é condicionado pelo *contexto externo* no qual as manifestações psíquicas se produzem e o *contexto neurofisiológico* do sujeito.

O contexto externo é constituído pelo conjunto dos elementos da realidade exterior ao sujeito que possamos identificar como pertencendo a uma das três áreas seguintes: o meio afectivo, o meio sociocultural e o meio físico.

O contexto neurofisiológico diz respeito à integridade somática global do sujeito.

O *aparelho psíquico* é, então, considerado como uma formação que resulta de um *conflito* entre os dois campos acima citados, nos quais o sujeito se inscreve, mas é rapidamente dotado de uma capacidade de auto-organização.

Este modelo servir-nos-á de referência para a análise de alguns aspectos relativos à origem das psicoterapias breves. Já nos referimos (1994) à influência que certos acontecimentos externos exerceram sobre o pensamento de Freud e descrevemos a sua passagem de uma técnica centrada na ideia do traumatismo psíquico para uma técnica baseada essencialmente na noção de perlaboração. Tal evolução implicava necessariamente a negação da dimensão temporal, própria das psicoterapias breves, uma vez que excluía do modelo do aparelho psíquico as suas componentes biológica e ambiental.

Psicanálise e temporalidade

Freud, homem das neurociências, começa a interessar-se pela psicopatologia durante a sua passagem pelo serviço de Charcot (entre Outubro de 1885 e Fevereiro de 1886). Quando, em 1886, fins do século XIX, renuncia parcialmente a uma carreira de homem de laboratório para abrir um consultório particular, trata os seus pacientes «neuróticos» que sofrem de uma doença sem substrato orgânico «conhecido» de acordo com os métodos aplicados na época (electroterapia, fisioterapia, etc.), durante cerca de um ano. Se bem que tivesse já conhecimento do método catártico descoberto por Breuer, inclina-se primeiro para a sugestão hipnótica, em Dezembro de 1887, técnica que continuará a aplicar até 1890, ano em que adopta o método catártico, sobre o qual a psicanálise se irá construir, enquanto teoria e técnica.

Do ponto de vista dinâmico, a técnica catártica marca uma viragem na relação médico/doente. Com efeito, enquanto na sugestão hipnótica o médico desempenha um papel activo e o paciente se submete à sua vontade, os papéis começam a inverter-se na técnica catártica, isto é, o paciente torna-se activo e o médico «passivo». Trata-se de uma modificação fundamental, na medida em que o paciente deixa de ser o objecto da relação terapêutica para se tornar sujeito. Efectivamente, na sugestão hipnótica, o terapeuta contrapõe aos sintomas uma ideia contrária.

Em contrapartida, o método concebido por Breuer assenta na ideia de ab-reacção (descarga emocional do paciente que assim se «purga das suas paixões»). Esta permite ao paciente evocar factos traumatizantes e descarregar os seus afectos.

A psicanálise podia então nascer e crescia cada vez mais o interesse pelo mundo intra-subjectivo do paciente, independentemente do meio e liberto da concepção orgânica das perturbações psicológicas. Esta evolução será acompanhada por um movimento de alongamento das curas que permitiu, sem dúvida, o aprofundamento dos nossos conhecimentos sobre os mecanismos psíquicos, mas que conduziu também a um impasse terapêutico, uma vez que o prolongamento desmedido da cura não garante o êxito e que uma análise «interminável» traduz, na maior parte dos casos, uma resistência à cura. Mas será esta resistência manifestada apenas pelo paciente? Pensamos que se inscreve no enquadramento da cura psicanalítica: a inexistência de limite temporal, assim como o relevo dado à vida interna do sujeito, podem conduzi-lo a evitar inconscientemente a confrontação com a vida «real».

Além disso, na cura psicanalítica clássica, a primazia dada à palavra em detrimento do acto (visto como dimensão negativa quando surja na situação analítica) propicia também a recusa da «prova de realidade» que passa por acções na vida real e pode assim conduzir a uma infindável *Durcharbeitung*. De facto, a posição adoptada por Freud continua em embrião os limites da abordagem psicanalítica, na medida em que permitiu a alguns desinteressarem-se completamente do papel activo que o psicanalista desempenhava na cura, bem como da eventual influência dos factores biológicos ou ambientais nas dificuldades com que os pacientes se confrontavam. Ora, acontece que estes dois últimos factores são fundamentais no funcionamento psíquico.

A propósito da duração das curas

Sabe-se que os primeiros tratamentos de Freud eram muito curtos mas que, posteriormente, a duração das curas psicanalíticas iria prolongar-se significativamente. Nos *Études sur l'hystérie (Estudos sobre a Histeria)* (1896), que se refere a casos de pacientes tratados entre 1889 e 1894 aproximadamente, registam-se os seguintes períodos de cura: Emmy V. N.: sete semanas; Lucy R., da qual Freud diz aliás que a doença poderia ter sido tratada numa única sessão: nove semanas; Katharina: uma sessão; Elisabeth V. R.: alguns meses. Mais tarde, noutros relatórios clínicos, Freud regista ainda os seguintes períodos: Dora, tratada em 1889, cerca de três meses; Hans, um rapazinho, 1909, dois meses; o Homem dos Ratos, 1909, onze meses. Sabemos também através de Jones que, nessa mesma altura, Freud tratou Gustav Mahler durante um passeio de quatro horas. Em contrapartida, em 1918, Freud publica o caso do *Homem dos Lobos*, cujo tratamento durou cinco anos. Se bem que a duração deste tratamento representasse um salto considerável, Freud considera-a uma excepção e afirma esperar que a aplicação dos conhecimentos psicanalíticos adquiridos nesta cura permita abreviar os tratamentos posteriores. E escreve:

«Devemos estar preparados para só raramente encontrar, no paciente e seus familiares, semelhante grau de paciência, docilidade, compreensão e confiança. O psicanalista será naturalmente levado a pensar que os resultados obtidos, com um trabalho de tão longa duração com um único caso, o ajudarão a encurtar significativamente os tratamentos noutros casos, igualmente graves, bem como a ultrapassar progressivamente a maneira de estar "fora do tempo" do inconsciente e isto depois de se ter submetido a tal uma primeira vez [1967].» Notar-se-á que, se bem que tenha imposto, pela primeira vez neste caso, um prazo ao tratamento, Freud não parece ter-se preocupado com a questão das modificações técnicas que pudessem acelerar o processo. Interessou-o, sim, a questão dos novos conhecimentos adquiridos graças a esse tratamento. São estes novos conhecimentos que, segundo afirma, permitirão ganhar tempo. Este excerto reflecte uma posição de que Freud quase nunca se desviará durante toda a vida. No *caso de dificuldades que possam surgir na relação terapêutica, ele tenta encontrar uma solução teórica*. E mesmo quando se apercebe dos efeitos de uma modificação do seu comportamento (modificação técnica), prefere não analisar a *relação* e centrar-se unicamente no mundo *intrapsíquico*. Saliente-se que esta atitude decorria de uma necessidade epistemológica, uma vez que Freud privilegiava a teoria em detrimento da terapia; e sabe-se hoje que um grande hiato separava a sua prática dos seus textos técnicos (ver, por exemplo, André Haynal, 1987).

O caso do Homem dos Lobos parece ter constituído uma excepção. Tanto nos seus textos teóricos como nos clínicos, entre 1905 e 1938 (1949), Freud refere durações médias de um ano e meio e por vezes mais. E verifica-se que a duração dos tratamentos vai sofrendo um grande aumento progressivo. Esta tendência para o prolongamento continua a verificar-se e sabe-se que, actualmente, as psicanálises são em geral muito mais longas, sendo a duração de quatro a cinco anos a regra e já não a excepção. Esta evolução suscitou alguma polémica no seio do movimento psicanalítico. Foram em parte essas dúvidas que conduziram às investigações técnicas de Ferenczi, investigações estas que constituem uma referência para a maior parte dos autores de psicoterapia breve. Um deles, M. Malan, resume da seguinte maneira os factores de prolongamento das curas psicanalíticas (1975).

No que se refere ao paciente
1. Resistência
2. Sobredeterminação
3. Necessidade de perlaboração
4. Origens da neurose remontando à primeira infância
5. Transferência
6. Dependência
7. Transferência negativa decorrente do final da terapia
8. Neurose de transferência

No que se refere ao terapeuta
9. Tendência para a passividade.
10. Impressão de eternidade transmitida ao paciente.
11. Perfeccionismo terapêutico.
12. Interesse crescente por experiências cada vez mais profundas e precoces.

Esta lista parece resumir bastante bem a evolução da técnica psicanalítica, mas comporta parâmetros muito díspares, o que se deve, em nossa opinião, a um elemento fulcral: a não inclusão da dinâmica transferência/contratransferência na teoria psicanalítica. Esta última apenas tem em conta o que está situado no «interior» do psiquismo do paciente (a transferência, por exemplo) ou no «interior» do psiquismo do psicanalista (contra transferência). Em contrapartida, ignora as condições em que tenha sobrevindo este ou aquele movimento transferencial (por exemplo, a influência que a atitude do psicanalista possa exercer sobre as resistências do paciente).

Resumo

Se esquematizarmos a evolução de Freud, desde os seus primeiros estudos com Breuer sobre a histeria até ao *Abrégé de psychanalyse (Compêndio de Psicanálise)*, poderemos vê-lo distanciar-se a pouco e pouco do paciente, tornar-se cada vez mais passivo e alheio, bem como desinteressar-se do meio circundante do paciente para se centrar na vida interior deste último. Finalmente, deixa de ter em conta os fundamentos neurobiológicos do funcionamento psíquico.
Por um lado, a regra das associações livres concorre para a recusa do Mestre em agir activamente sobre o seu paciente; por outro, a definição nascente da transferência justifica a recusa de assumir-se como uma personagem real perante o paciente. A descoberta da natureza dita fantasmática das recordações de sedução narradas pelos pacientes é a consequência lógica deste duplo movimento. Acresce que, como o vínculo com a neurobiologia também é posto de lado, apenas resta ao psicoterapeuta, do ponto de vista técnico, *centrar-se nos processos intrapsíquicos no interior de um sistema essencialmente fechado*, do qual os elementos biológicos e ambientais são cada vez mais afastados. Algumas regras técnicas, a seguir enunciadas, não terão mais como objectivo o acesso activo do psicoterapeuta ao mundo intrapsíquico do paciente, mas sim permitir-lhe libertar-se dos desejos deste último (regra da abstinência, por exemplo). [1915]

Depois de Freud

Após a morte de Freud, o pensamento psicanalítico desenvolveu-se consideravelmente nos círculos fortemente influenciados pela cultura ocidental.

É impossível enumerar todas as correntes, mas a passagem de André Green (1974) a seguir citada resume claramente essa evolução:

> Podemos distinguir três movimentos na evolução paralela da teoria e da prática psicanalíticas. Por questões de espaço, apenas traçarei um esquema – que, como qualquer esquema, é de exactidão relativa. A realidade é mais complexa e ignora os limites impostos, sendo que as correntes se interpenetram.
> 1. Num primeiro movimento, a teoria analítica fixa-se na realidade histórica do paciente. Descobre o conflito, o inconsciente, as fixações, e depois, a partir da segunda tópica, vira-se para o estudo do Ego e dos mecanismos de defesa (A. Freud, 1936), retomado pela psicologia psicanalítica do Ego (Hartmann, 1951). Na prática, trata-se do estudo da transferência (Lagache, 1952) e das resistências, com a aplicação das regras empiricamente estabelecidas do método psicanalítico sem a introdução de quaisquer inovações técnicas.
> 2. Num segundo movimento, o interesse desloca-se para as relações objectais, consideradas segundo perspectivas diferentes: por exemplo Balint, 1950; Melanie Klein, 1940, 1946; Fairbairn, 1952; Bouvet, 1956; Moddell, 1969; Spitz, 1956, 1965; Jacobson, 1964. Ao mesmo tempo, o conceito da neurose de transferência é progressivamente substituído pelo do processo psicanalítico como forma de organização no tempo da cura do encadeamento interno dos processos psíquicos do paciente, ou das transacções entre o paciente e o psicanalista (Bouvet, 1954; Meltzer, 1967; Sauguet, 1969; Diatkine e Simon, 1972).
> 3. Num terceiro movimento, define-se uma evolução que tem a ver com funcionamento mental do paciente (Bion, École psychosomatique de Paris), enquanto se levantam na prática questões quanto ao funcionamento do enquadramento analítico (Winnicott, 1954; Little, 1958; Milner, 1952, 1969; Khan, 1962, 1969; Stone, 1961; Lewin, 1954; Leger, 1966; Donnet, 1973; Giovacchini, 1972), como condição de possibilidade do conhecimento do objecto analítico e da mudança visada pela sua instrumentalidade específica. A questão é ao mesmo tempo epistemológica e prática.

A análise de Green surpreende quer pela sua pertinência quer pela ausência de referência à vasta área das investigações e reflexões que, iniciadas por Ferenczi, Rank, French ou Alexander, resultaram em inúmeras formas das psicoterapias psicanalíticas de curta ou longa duração. É como se o comportamento «real» do psicanalista nada tivesse a ver com a evolução da cura. Uma vez mais parece que o pensamento psicanalítico se circunscreve a um quadro conceptual aparentemente hermético. Considera-se o quadro, mas não se pode sair dele para observar, «do exterior», os seus efeitos. Retomaremos este assunto nos capítulos seguintes.

2 | FREUD E A QUESTÃO TÉCNICA

Pudemos verificar que o quadro psicanalítico provinha directamente da hipnose e das dificuldades sentidas com alguns pacientes. O objectivo primeiro era o de vencer as resistências à recordação e todas as tentativas titubeantes que caracterizavam os primórdios da psicanálise tinham essa mesma finalidade. A formulação da regra das *associações livres*, inventada na realidade por Galton (1879) (Lieury, 1975, p. 46), aproximava-se dos estudos experimentais realizados por H. Ebbinghaus (1850-1909) em Berlim e publicados em 1885, sobre o funcionamento da memória (entre outras associações de sílabas por contiguidade e também associações mais distantes) (Lieury, 1975, pp. 45--46). A aplicação desta regra permitiu a Freud recorrer a um sistema conceptual coerente no qual se encaixava a sua hipótese, segundo a qual o «histérico» sofria de *reminiscências* ou, mais exactamente, de *perturbações psicogénicas da memória* (teoria do traumatismo psíquico).

As teorias associativas estavam na moda nessa época e alguns dos princípios enunciados por Ebbinghaus ainda hoje são utilizados na análise da memória (memorização de listas de palavras associadas). No tocante ao funcionamento da memória, a originalidade de Freud consistiu em introduzir o conceito de *afecto*, porquanto existe de facto uma relação associativa entre as imagens e os pensamentos memorizados. No entanto, a natureza desta associação é condicionada pelos afectos ligados às recordações armazenadas. Assim sendo, uma recordação que desperta afectos desagradáveis pode ser deslocada para uma imagem menos «comprometedora», mas continuar ligada a ela por uma relação associativa. É este o fenómeno descrito na obra *L'interprétation des rêves (A Interpretação dos Sonhos)*. Este esforço de transferência tem a ver com aquilo que Freud denomina *trabalho do sonho* e é este que justifica o trabalho de *interpretação* do psicanalista. Para explicar a dificuldade que temos em nos lembrarmos de determinados factos, Freud desenvolve também o conceito de *recalcamento*, mecanismo de defesa central que se opõe à possibilidade de evocar recordações «proibidas». Assim, a primeira técnica manifestamente psicanalítica consiste em *descodificar as associações do paciente para aceder às recordações traumáticas*. É de certo modo um trabalho de tradução (procura-se o significado oculto das imagens evocadas).

Parece-nos indispensável tecer alguns comentários acerca das propostas de Freud relativas à situação psicanalítica, para melhor se compreender o advento das psicoterapias breves e situar a nossa própria posição. Quase todos os escritos freudianos que se referem mais especificamente à técnica foram produzidos entre 1905 e 1914, ou seja, no período que precedeu a Primeira Grande Guerra; mas, na realidade, pouco escreveu sobre a técnica.

Segundo E. Jones, Freud ambicionava escrever uma obra completa sobre a técnica, o que nunca chegou a realizar. Diversas razões foram evocadas, nomeadamente o seu desinteresse pelo aspecto terapêutico da psicanálise, mas nenhuma delas nos parece convincente. Podemos acrescentar que, na realidade, Freud pouco define as técnicas (se compararmos com a regra fundamental e com o enquadramento que, para ele, são intangíveis). E isto deve-se ao facto de adaptar frequentemente essa técnica às suas conveniências e, por essa razão, é-lhe difícil fornecer elementos precisos. Ele próprio confessa reduzir a frequência diária das sessões quando tem de acolher novos pacientes («os Americanos», quando o dólar está em alta). Para Freud, a técnica era um elemento relativamente subalterno, que variava em função das exigências práticas e de razões conjunturais e não de posições teóricas radicais fixas.

A propósito do enquadramento psicanalítico

No entanto, quando a ocasião se lhe apresenta, Freud expõe com clareza os seus pontos de vista sobre a técnica. Aquilo que não consegue fazer é agrupar as suas diversas propostas num todo coerente, em virtude de um problema conceptual, isto é, não dispõe de um quadro heurístico susceptível de relacionar claramente o processo psicanalítico com a actividade do psicanalista (relação entre o acto e a palavra).

Diversos autores abordaram esta questão epistemológica, a maior parte deles dando maior relevância à comunicação entre o psicanalista e o paciente (Schafer, Wildlocher, 1996). Nisso também se debatia Freud com o mesmo tipo de dificuldades que já encontrara ao redigir *Esquisse d'une psychologie scientifique (Esboço de Uma Psicologia Científica)*.

Passamos a citar algumas passagens fundamentais que definem com precisão os princípios básicos da psicanálise, princípios ainda hoje aplicados.

Em 1905, num primeiro artigo especificamente dedicado à técnica, fornece as indicações seguintes:

É nessa altura que Freud descobre nas associações do doente esse substituto totalmente apropriado, isto é, nas ideias involuntárias geralmente consideradas perturbadoras e, por isso mesmo, habitualmente afastadas sempre que desviam os pensamentos do curso pretendido. Com o fim de poder aceder a essas ideias, Freud convida os doentes a «abandonarem-se», como que numa conversa descontraída. Antes de lhes pedir para narrarem a história da sua vida de forma pormenorizada, exorta-os a dizerem tudo o que lhes ocorra, mesmo que lhes pareça inútil, inadequado ou até estúpido. Mas exige sobretudo que não omitam um único pensamento ou ideia, sob o pretexto de serem vergonhosos ou dolorosos. Foi ao tentar condensar todo este material feito de ideias soltas que Freud conseguiu emitir as observações que se tornaram factores determinantes do conjunto da sua teoria. Até no próprio relato de uma doença se revelam certas lacunas da memória. Alguns factos reais são esquecidos, a ordem cronológica é confusa, a relação de causa e efeito desfaz-se e os resultados são ininteligíveis. Não há neurose sem que haja alguma amnésia. Quando se pede ao paciente que tente colmatar as suas lacunas de memória concentrando toda a sua atenção nessa operação, verifica-se que este recorre a todas as críticas ao seu alcance para afastar as ideias que lhe ocorrem, até ao momento em que emergem verdadeiramente as recordações acompanhadas por sentimentos muito dolorosos. Freud infere desta experiência que as amnésias resultam de um processo que denominou por recalcamento e cuja causa atribui a sentimentos de desprazer. As forças psíquicas que conduzem o recalcamento são, na sua opinião, perceptíveis na resistência que se opõe ao desaparecimento da recordação.
O factor da resistência tornou-se uma das pedras angulares da teoria de Freud. Para ele, as ideias rejeitadas sob todo o tipo de pretextos – semelhantes aos que acabámos de referir – derivam de estruturas psíquicas recalcadas (pensamentos e emoções instintivas) e de deformações destas estruturas causadas pela resistência que se opõe à sua lembrança.
Quanto maior for a resistência, maior será a deformação. [...] Este trabalho de interpretação não se aplica apenas às ideias do paciente, mas também aos seus sonhos, através dos quais acedemos directamente ao conhecimento do seu inconsciente, dos seus actos intencionais ou sem objectivo definido (actos sintomáticos), bem como dos erros cometidos na vida quotidiana (*lapsus linguae*, actos falhados, etc.) [1967].

Apesar de nunca alterar esta primeira concepção, Freud modifica rapidamente a sua técnica, graças ao desenvolvimento da sua teoria do funcionamento psíquico. Em 1910, refere-se à evolução da sua prática da seguinte forma:

Nos seus primórdios, o tratamento psicanalítico era implacável e esgotante. O paciente tinha de dizer tudo sobre si e o médico limitava-se a espicaçá-lo constantemente. Hoje em dia, tudo é menos rebarbativo. O tratamento comporta duas partes: o médico faz um trabalho de dedução e informa o paciente do que deduziu e, pelo seu lado, o paciente elabora o que o médico lhe tenha dito. O mecanismo do nosso método curativo é fácil de compreender. Damos ao paciente uma ideia consciente de expectativa, cuja semelhança com a ideia inconsciente recalcada faz com que ele próprio a descubra. É esta ajuda intelectual que vai tornar-lhe mais fácil anular as resistências entre o consciente e o inconsciente. Note-se que este não é o único mecanismo utilizado na cura psicanalítica. Todos nós conhecemos outro bem mais poderoso: a transferência [1910b, p. 24].

Mais adiante, acrescenta:

Na época do tratamento catártico, o nosso objectivo era o de explicar os sintomas. Mais tarde, desviámo-nos dos sintomas e tentámos descobrir os «complexos», segundo a expressão, tornada indispensável, de Jung. Actualmente, os nossos esforços visam claramente encontrar e vencer as «resistências» e temos boas razões para pensar que os complexos se revelarão sem dificuldade logo que as resistências forem descobertas e anuladas [1910b, p. 26].

Aborda depois a questão fundamental da contratransferência, recentemente descoberta:

Outras inovações de ordem técnica dizem respeito à pessoa do próprio médico. A nossa atenção centra-se na contratransferência que se verifica no médico devido à influência que o paciente exerce sobre os sentimentos inconscientes do seu psicanalista. Estamos em condições de exigir que o médico reconheça e domine a sua própria contratransferência.

E refere-se ainda ao problema das eventuais modificações técnicas em função da psicopatologia e da organização da personalidade: «Chegámos também à conclusão de que a técnica deve sofrer algumas alterações, em função da natureza da doença e das pulsões predominantes do paciente.» [1910b, p. 27.] E, mais adiante:

A esse respeito, ficam ainda por esclarecer algumas questões muito importantes. Em que medida será conveniente deixar os instintos refreados do doente satisfazerem-se durante um tratamento? E em que diferirá essa reacção consoante as pulsões sejam de natureza activa ou passiva (*masochista*)? [1910b, p. 28]

No mesmo ano, no seu artigo «À propos de la psychanalyse dite "sauvage"» («A propósito da psicanálise dita "selvagem"»), Freud faz questão de chamar a atenção para o seguinte mal-entendido:

Na psicanálise, o termo «sexualidade» tem um significado muito mais lato. Afasta-se completamente do significado popular e alarga-se, o que do ponto de vista genético se justifica. Incluímos na área da sexualidade todas as manifestações de sentimentos de ternura resultantes de emoções sexuais primitivas, mesmo que essas emoções tenham sido desviadas do seu objectivo sexual original ou que um outro fim não sexual tenha substituído o primeiro. É por esta razão que preferimos falar de psicossexualidade, evidenciando assim o facto de que o factor psíquico não deve ser menosprezado, nem subestimado.

Utilizamos a palavra "sexualidade" associando-lhe o significado alargado da palavra alemã *lieben* (amar) e sabemos há já muito tempo que a insatisfação psíquica, e todas as suas consequências, pode existir a par de relações sexuais normais. Na nossa qualidade de terapeutas, também nunca devemos esquecer que as aspirações sexuais insatisfeitas (cujas satisfações de substituição sob a forma de sintomas neuróticos combatemos), na maior parte dos casos, só de uma forma muito incompleta poderão ser compensadas pelo coito ou outros actos sexuais.

Quem se recuse a admitir este ponto de vista psicanalítico que se estende à psicossexualidade não tem sequer o direito de se valer das doutrinas da psicanálise relativas ao significado etiológico da sexualidade. Ao privilegiar exclusivamente o factor somático, no campo sexual, sem dúvida, enormemente o problema, mas deverá assumir sozinho a responsabilidade do seu procedimento.» [1910a]

Dois anos mais tarde, o autor retoma a questão da *interpretação dos sonhos*, salientando nomeadamente que a abundância de sonhos pode traduzir uma resistência e que convém não nos preocuparmos muito com isso se não conseguirmos interpretar integralmente o seu conteúdo. O trabalho de interpretação «é sujeito a regras técnicas às quais o tratamento na sua globalidade deve obedecer».

Num outro artigo fundamental, Freud aborda em pormenor a questão da *transferência* no tocante às resistências. Descreve duas situações opostas: a resistência *à transferência* e a resistência *através da transferência*. A resistência à transferência traduz-se por interrupções das associações, silêncios, etc.

A resistência através da transferência apresenta as seguintes características: «A transferência para a pessoa do psicanalista apenas será uma resistência na medida em que for uma transferência negativa ou então uma transferência positiva composta por elementos eróticos recalcados.» [1912a, p. 57.] Neste caso, como afirma Freud, o paciente «quer transformar em actos as suas paixões, sem ter em conta a situação real» [1912a, p. 60].

Em *Conseils aux médecins sur le traitement analytique (Conselhos aos Médicos sobre o Tratamento Analítico)*, ele volta à *atenção flutuante*, que o psicanalista nunca deverá deixar de aplicar na abordagem dos seus pacientes. Desaconselha que se tomem notas e se planifique a investigação e preconiza uma atitude cirúrgica que consiste em deixar de lado qualquer reacção afectiva. O analista deve ser uma espécie de «auscultador telefónico» do inconsciente do paciente. É justamente nesse ponto que aconselha que cada psicanalista se submeta ele próprio a uma experiência psicanalítica. Desaconselha também qualquer tentativa para conquistar a confiança dos familiares por causa da psicanálise [1912b].

Em 1913, a questão é retomada sob uma perspectiva diferente numa outra obra sua muito importante:

> O médico terá de lutar contra certas dificuldades se houver laços de amizade ou simplesmente relações sociais entre ele e o paciente ou a família deste último. O psicanalista que se veja obrigado a tratar a mulher ou o filho de um amigo tem de saber que esse tratamento, qualquer que seja o resultado, lhe custará essa amizade. Terá de optar ou por esse sacrifício ou por indicar um substituto digno de confiança [1913, p. 83].

Aborda também a questão, fundamental para quem se interesse pelas psicoterapias breves, das *motivações*:

> Para o psicanalista, os pacientes a preferir serão aqueles que aspirem a uma cura total, que se disponham a consegui-la e que dediquem ao tratamento o tempo necessário; é escusado dizer que raros são os casos em que apresentem conjunturas tão favoráveis. [1913, p. 90].

Por outro lado, insiste também na regularidade das sessões, na sua frequência (cinco a seis sessões por semana, excepto nos casos aparentemente mais simples), nos honorários (a cobrar mesmo que o paciente falte), no «cerimonial» do divã (a manter, embora provenha da hipnose) e na regra fundamental das associações livres.

No tocante às interpretações, chama a atenção do leitor para o facto de ser conveniente evitar explicar demasiado cedo o significado dos sintomas, sendo preferível falar apenas do que o próprio paciente possa estar prestes a descobrir (dir-se-á posteriormente «mais próximo do Ego»). Refere-se também aos benefícios secundários da doença, que constituem obstáculos importantes à tomada de consciência e à cura.

Finalmente, fornece um esclarecimento que consideramos fundamental:

> Muitas vezes a transferência por si só é suficiente para suprimir os sintomas mórbidos, mas isso é temporário. Nestes casos, o tratamento não pode ser classificado como psicanálise; trata-se de sugestão. O termo psicanálise refere-se apenas aos processos em que a intensidade da transferência seja utilizada para combater as resistências [Grunberger, 1974].

A propósito do estudo das motivações do paciente, veremos mais adiante quanto a nossa concepção se afasta da de Freud que, neste ponto, parece ser vítima da sua preferência pela hipnose. A cura pela transferência não é uma simples sugestão do terapeuta mas, pelo contrário, o resultado da influência exercida pelo paciente sobre o comportamento inconsciente do psicanalista (ver capítulo 7, «A relação interpessoal»).

Nessa época, segundo verificamos, *a questão da transferência ocupava um lugar central na psicanálise* e que manteria até hoje. Em 1914, Freud volta ao assunto no seu artigo «Remémoration, répétition et perlaboration» («Rememoração, repetição e perlaboração»). Introduz então o conceito de transferência mediante a repetição do passado. E escreve:

> [...] o paciente não tem qualquer recordação daquilo que esqueceu e recalcou, apenas o traduzindo por actos. Não é sob a forma de recordações que o facto esquecido ressurge, mas sob a de acção. O paciente repete esse acto sem, evidentemente, se dar conta de que se trata de uma repetição [1914].

A partir daí, o conceito de repetição passa a ter um papel fundamental na psicanálise, tal como em inúmeras outras abordagens psicoterapêuticas. Estará na base das nossas próprias reflexões sobre as motivações e a mudança psíquica.

Freud aborda ainda, em 1915, um aspecto primordial da relação psicanalítica, o da *regra da abstinência* a respeitar assim que se manifesta o amor transferencial do paciente. Lembra que o que o paciente pretende acima de tudo é a cura e não ser amado. O amor autêntico apenas é possível na vida quotidiana e não na relação terapêutica. Afirma:

> O amor de transferência apresenta características peculiares que o colocam num lugar à parte: 1.º – é a situação analítica que o gera; 2.º – a resistência que domina a situação intensifica-o ainda mais; 3.º – visto ignorar quase totalmente a realidade, é menos razoável, menos preocupado com as consequências, mais cego na apreciação do ser amado do que é comum num amor normal.

Esta constatação não impede o autor de acrescentar: «Não esqueçamos, no entanto, que são justamente estes caracteres anormais que constituem o essencial do estado amoroso.» [1915]

Entre 1905 e 1915, Freud descreveu com muita clareza os princípios da cura psicanalítica. Estes princípios definem o enquadramento no qual se desenvolve o tratamento, bem como a natureza da relação que liga o paciente ao psicanalista. Podemos resumi-los da seguinte forma.

O dispositivo

- *Divã/sofá*: o paciente estende-se num divã (reminiscências do processo hipnótico), mantendo-se o psicanalista fora do seu campo de visão. O objectivo é confrontar o paciente consigo próprio e directamente com o psicanalista.
- *Regularidade e frequência das sessões*: cinco a seis sessões semanais de forma a permitir que o processo se desenvolva com regularidade.

- *Duração indeterminada*: não é definido qualquer prazo para o tratamento com vista a criar um clima semelhante ao do funcionamento do inconsciente.
- *Pagamento dos honorários, mesmo quando o paciente falta*, para evitar que haja manipulação quer do paciente, quer do psicanalista.

A relação terapêutica

A relação terapêutica deve também observar certas regras.

No que se refere ao paciente

- *Associações livres*: o paciente deve dizer, se possível, tudo o que lhe ocorre, sem afastar os pensamentos que lhe pareçam estúpidos, banais ou irrelevantes.

No tocante ao psicanalista

- *Silêncio*: o silêncio do psicanalista permitirá o desenvolvimento das associações do paciente.
- *Atenção flutuante*: às associações livres do paciente o psicanalista responderá com uma atenção flutuante. Deverá renunciar a qualquer ideia preconcebida ao escutar o paciente e deixar-se surpreender com as ideias, aparentemente incongruentes, suscitadas pelo discurso do analisando.
- *Neutralidade*: o psicanalista não deve pronunciar-se sobre as opiniões emitidas pelo paciente; a sua função é compreender.
- *Abstinência*: levando em consideração a contratransferência e as regras éticas, o psicanalista não deve responder aos sentimento manifestados pelo paciente. Efectivamente, este último recorreu ao terapeuta para tentar curar os seus sintomas e não para ser amado o detestado por ele.
- *Evitar a intervenção junto do meio envolvente do paciente*: o psicanalista deverá focar o seu interesse no mundo interior do paciente não no seu meio envolvente.
- *Interpretação*: é o instrumento terapêutico principal do psicanalista. Consiste em ajudar o paciente a discernir a origem real dos seus sentimentos, os seus receios ou inibições. Quando o paciente consegue relacionar os seus medos com o passado, deixa de ter razões para temer o presente. A interpretação deverá ter em conta a capacidade de elaboração do paciente e, portanto, não poderá ser uma interpretação «selvagem».

Estes vários princípios regem aquilo a que se chama a *intersubjectividade* da relação psicanalítica e determinam o *processo psicanalítico*.

O processo

Freud insiste especialmente nos elementos seguintes:

No que se refere ao paciente

- *A transferência*: a maioria dos sentimentos (positivos ou negativos) que o paciente nutre pelo seu psicanalista resulta de uma transferência para a pessoa do terapeuta, de emoções passadas relacionadas com os pais como objecto.
- As *motivações* do paciente traduzem o seu desejo de mudança. Podem ser limitadas por *benefícios secundários da doença* ou por *resistências* manifestadas:
  – pela transferência;
  – à transferência;
  – às associações;
  – mediante a repetição.

No tocante ao psicanalista

- *A contratransferência*: as emoções vividas pelo psicanalista são consideradas reacções às do paciente; resultam pois do passado do paciente e não dizem directamente respeito à pessoa do psicanalista.

Sem entrar em pormenores, a contratransferência corresponde ao conjunto dos sentimentos que o psicanalista nutre pelo seu paciente. Alguns destes sentimentos poderão provir de complexos inconscientes do próprio psicanalista e poderão dificultar a sua compreensão (resistência do psicanalista). Outros constituirão o eco da transferência do paciente e poderão esclarecer o psicanalista sobre o estado psíquico do paciente.

A generalidade das publicações que versaram a técnica, editadas pouco antes da Primeira Grande Guerra, parece reflectir um desejo de definição do enquadramento psicanalítico, uma afirmação da validade do procedimento. E perguntamo-nos naturalmente se este movimento, que tanto se assemelha a um erguer de barreiras, não correspondia à necessidade de proteger esse novo modelo contra as discussões que, no meio psicanalítico, a sua aplicação não poderia deixar de provocar. Com efeito, mal despontou, eclodiram os primeiros conflitos, as primeiras dissidências.

3 | PRECURSORES E DISSIDENTES

Das psicoterapias psicanalíticas breves ao eclectismo terapêutico

É sabido que, desde o início deste século, muitos foram aqueles que se entusiasmaram pelas descobertas de Freud. Assim, em 1908, nasceu a Sociedade Psicanalítica de Viena. No entanto, passado o entusiasmo inicial, muitas tensões se revelaram no seio do grupo e, em 1911, assiste-se a uma primeira cisão provocada pelo abandono de Adler. São bem conhecidas as suas teorias, mas recordemos que Adler privilegiava os conflitos actuais em detrimento dos do passado. Para ele, os problemas genéticos eram relegados para segundo plano e a técnica terapêutica que preconizava encontrava-se profundamente centrada no consciente, sendo mais activa do que a proposta por Freud. Um ano mais tarde, em 1912, W. Stekel, um dos primeiros seguidores de Freud, abandonava por sua vez a Sociedade Psicanalítica de Viena, aparentemente devido a conflitos de natureza pessoal. Todavia, a técnica da cura intensiva e rápida que desenvolveu aproximava-se bastante da de Adler, nomeadamente no que dizia respeito ao evitamento da regressão. Pretendia, segundo dizia, evitar a infantilização dos pacientes e chegava a afirmar que só os tratamentos de curta duração tinham algumas hipóteses de êxito (Stekel, 1975). Dois anos depois, é a vez da dissidência de Jung, demasiado conhecida para que a mencionemos, a não ser para referirmos, no tocante aos seus aspectos técnicos, a importância dada à situação actual do paciente, a passagem para a modalidade do face a face, a redução da frequência das sessões, o evitamento da regressão e ainda a importância atribuída ao meio cultural.

Depois de Jones, podemos interpretar as diferentes cisões ocorridas no seio da sociedade psicanalítica como sendo o reflexo dos movimentos de resistência ou dos conflitos de rivalidade com Freud. No entanto, as concepções destes autores que não poderíamos rejeitar em bloco não traduziriam, também elas, a tensão dinâmica inerente ao próprio processo psicanalítico? Como podemos verificar, estas contestações dizem respeito à importância do meio sociocultural, à dimensão temporal dos conflitos actuais ou à actividade do psicanalista. Ora, acontece que o enquadramento psicanalítico produz o efeito de colocar «no exterior» estes elementos. Podemos pois considerá-lo como uma fronteira que tem como objectivo libertar o processo psicanalítico destes mesmos elementos.

Em nossa opinião, estas posições dissidentes – que privilegiam outros aspectos – realçam alguns factores dinâmicos que intervêm na cura e as reformulações do enquadramento (nomeadamente, a temporalidade e o face a face), explícitas ou implícitas, reenviam paradoxalmente para a importância de que se reveste este último e para o papel do psicanalista que é mais do que um simples espelho. Estas questões essenciais são hoje discutidas periodicamente nos meios psicanalíticos mais ortodoxos. Contudo, o carácter «dissidente» dos movimentos já citados é inegável, na medida em que os autores construíram teorias em que determinados elementos adoçavam bastante os princípios fundamentais da psicanálise freudiana. Note-se que o próprio Freud chegou a interrogar-se sobre a possibilidade de modificar o enquadramento psicanalítico.

Como vimos, perguntava-se, em 1910, em que medida se poderia permitir ou não, durante o tratamento, a satisfação de determinadas pulsões e, em Janeiro de 1914, estabeleceu um prazo para a psicanálise do famoso caso do Homem dos Lobos:

> Decidi – não sem me deixar guiar por indícios seguros de oportunidade – que o tratamento, independentemente do progresso até aí conseguido, deveria terminar numa data fixa. Estava resolvido a cumprir esse prazo e o paciente rapidamente se apercebeu que a minha decisão era firme. Sob a pressão implacável exercida pela data marcada, acabaram por ceder a resistência do paciente e a sua fixação na doença. Em consequência, a psicanálise forneceu, com uma rapidez desproporcionada em relação ao ritmo anterior, todo o material necessário à resolução das inibições e ao desaparecimento dos sintomas do paciente [1967].

Por um singular acaso, a data marcada (28 de Junho de 1914) coincidiu com o dia do assassinato de Francisco Fernando de Habsburgo.

Mais tarde, por ocasião do V Congresso Psicanalítico ocorrido em Budapeste em Setembro de 1918, Freud dá uma conferência sobre o conceito de actividade introduzido recentemente por Ferenczi (ver acima). Confirma totalmente as posições deste último e insiste no facto de que a actividade tem como finalidade a manutenção do estado de frustração e de abstinência no qual deve desenrolar-se a psicanálise. No entanto, é nesta ocasião que Freud profere a célebre frase, tão citada e que, a nosso ver, revela já um desentendimento profundo com Ferenczi:

Considerando a aplicação maciça da nossa terapêutica, tudo leva a crer que seremos obrigados a misturar ao puro da análise uma quantidade considerável do cobre[1] da sugestão directa [1919, p. 141].

Uma vez mais, note-se, Freud tem grande dificuldade em renunciar à ideia de que, no que respeita ao psicanalista, qualquer actividade funciona como «sugestão».

Otto Rank e Sandor Ferenczi

Freud defendeu pois a ideia da estabilidade das coordenadas da experiência psicanalítica. O seu amigo e aluno S. Ferenczi, por natureza mais interessado nos aspectos terapêuticos da psicanálise, irá centrar-se na técnica e acaba por estar na origem de um vasto movimento que irá conduzir às psicoterapias breves.

Efectivamente, na época em que Freud revia a sua concepção do funcionamento psíquico, Ferenczi, pelo seu lado, *privilegiava a relação terapêutica a fim de lutar contra as reacções terapêuticas negativas. Rapidamente seguido por Rank, tentará definir novas condições técnicas susceptíveis de permitir que o analista facilite o processo psicanalítico.*

Ferenczi não rejeitava nenhuma das concepções freudianas. Interessara-se, desde muito cedo, pelos aspectos técnicos e terapêuticos da psicanálise e atribuíra muita importância ao problema da reacção terapêutica negativa. Durante os anos 1918-1919, partindo das perspectivas traçadas por Freud no Congresso de Budapeste (1919), introduziu e desenvolveu um método técnico destinado a acelerar o tratamento psicanalítico: o método dito activo. Esta técnica visava, no momento em que o tratamento estagnasse, imprimir um novo impulso ao processo analítico através de diversas injunções ou interdições apresentadas ao paciente.

Através da formulação destas directivas, incitava-se o paciente a enfrentar activamente os seus receios e a renunciar a algumas satisfações «neuróticas», tais como a masturbação. Além disso, por vezes marcava-se, com antecedência, a data do término do tratamento. A finalidade destas medidas era evidentemente a de evitar certos benefícios secundários e de desviar para o trabalho analítico a líbido ligada a fantasmas inconscientes. Segundo Ferenczi, isto era possível através do aumento da tensão causada pelas injunções dadas ao paciente, tensão esta que permitia que emergissem na consciência pulsões ocultas até então. *Assim, a finalidade confessa de Ferenczi consistia na deslocação da líbido (pulsão de vida) através de uma injunção activa do terapeuta, injunção*

---
[1] A tradução francesa refere-se a «chumbo» mas, na realidade, trata-se de cobre, um metal mais nobre que compõe várias ligas, tais como o bronze, o bronze estanhado, o latão, etc.

esta que provinha portanto do mundo exterior, mas que evidenciava um conflito interno.
Encontramos aqui um problema fundamental da psicanálise. Na óptica freudiana descrita em «Para além do princípio do prazer», o conflito, essencialmente intrapsíquico e que opõe as forças desligadas (pulsões) próximas do biológico às forças de ligação (especialmente atribuídas ao funcionamento do Ego), deve ser posto em evidência através da *interpretação*. O trabalho analítico visa portanto favorecer as forças de ligação – dar *significado* aos movimentos pulsionais –, ligar imagens e afectos ou necessidades, mas a questão da acção, do lugar que o analista pode ocupar neste trabalho não fora verdadeiramente discutido. Pelo contrário, para Ferenczi, cujo objectivo era estimular activamente as forças de ligação, a actividade do analista desempenha um papel muito importante: a pulsão de morte subjacente às reacções terapêuticas negativas podia ser, na sua opinião, activamente mobilizada pelo analista, que devia, por vezes, dirigir-se preferencialmente ao *Id* do paciente e não tanto ao seu Ego. Ferenczi propunha pois alterar as regras do jogo analítico através da reformulação do enquadramento.

Na obra publicada em colaboração com Rank, em 1924, *Perspectives de la psychanalyse (Perspectivas da Psicanálise)* exprimia-se nos seguintes termos:

> A importância científica da aplicação correcta da técnica foi menosprezada até agora e há que avaliá-la na sua justa medida. Os resultados teóricos não devem repercutir-se na técnica de uma forma tão mecânica como até aqui. Mais ainda, a teoria deve ser constantemente rectificada pelos novos conhecimentos introduzidos pela prática [1994].

A actividade técnica articula-se, pois, com a elaboração teórica. Impõe-se a clara inversão da tendência que visa justificar apenas pela elaboração teórica metapsicológica os obstáculos com que o terapeuta se confronta, sem que se pense em alterar as coordenadas da cura. Note-se que, em 1920 («Prolongement de la technique active en psychanalyse», «Prolongamento da técnica activa em psicanálise»), Ferenczi afirmava muito prudentemente:

> Desde a introdução por Freud da "regra fundamental" – a associação livre – os princípios básicos da técnica psicanalítica não sofreram qualquer alteração essencial. Sublinharei desde já que também não é essa a finalidade das minhas propostas. Pelo contrário, era e continua a ser a de proporcionar aos pacientes condições para melhor seguirem a regra da associação livre através de alguns artifícios e, dessa forma, provocar ou acelerar a análise do material psíquico inconsciente. Por outro lado, estes artifícios só são necessários em casos excepcionais. Para a maioria dos pacientes, a cura pode decorrer sem «actividade» particular por parte do médico ou do paciente, etc. [1990].

Estas linhas põem em evidência o facto de que, ao propor o seu método, Ferenczi não pretendia opor-se aos princípios básicos da psicanálise mas sim dinamizar o processo. «A finalidade da terapia psicanalítica é e continua a ser a da ligação psíquica do recalcado no pré-consciente por meio da rememoração e das reconstruções que acabam por se impor.» (1990) O que não significa que a via proposta deixe de divergir da de Freud.

A propósito da actividade, é de interesse referir as confusões a que este termo se presta. Com efeito, na óptica de Ferenczi, trata-se de favorecer a actividade do paciente: incita-se este último a enfrentar activamente os seus receios ou a renunciar activamente a algumas satisfações neuróticas. Não se refere essencialmente à actividade do terapeuta, tal como alguns autores o pensaram, embora se deva reconhecer que apresentar ao paciente tais injunções possa parecer uma forma de actividade sugestiva. Mas Ferenczi estabeleceu uma distinção clara entre a sugestão hipnótica e a injunção momentânea destinada a provocar a tomada de consciência.

Voltando ao texto de 1924, Ferenczi e Rank concedem um lugar central às questões da compulsão à repetição:

> Do ponto de vista da compulsão à repetição, é no entanto absolutamente inevitável que, durante a cura, o paciente repita fragmentos inteiros da sua evolução e, tal como a experiência o demonstrou, precisamente os fragmentos inacessíveis sob a forma de rememoração. O paciente limitar-se-á a reproduzi-los e o analista considerá-los-á como material inconsciente autêntico. É necessário apenas compreender esta forma de comunicação, a linguagem dos gestos por assim dizer, e explicá-la ao paciente. Desta forma, na técnica analítica, o papel principal parece pois caber à repetição e não à rememoração. Não se trata de forma alguma de permitirmos que os afectos se diluam nas experiências «vividas». Com efeito, esta repetição – e a ela voltaremos mais adiante em pormenor – consiste em permitir esses afectos e, depois, em eliminá-los progressivamente, ou ainda a transformar os elementos repetidos em recordações actuais.

Podemos então resumir o objectivo da técnica activa:

> Favorece-se desse modo a tendência à repetição de experiências traumáticas precoces, em geral ligeiramente inibidas, com a finalidade última, evidentemente, de vencer de uma vez por toda essa tendência para a repetição ao revelar o seu conteúdo.

É assim que, nesta óptica, a noção de experiência traumática readquire enorme importância. Trata-se, de facto, de analisar a relação dialéctica entre um traumatismo precoce, o comportamento actual e o carácter do paciente.

A atenção centra-se no jogo entre as relações afectivas precoces, as relações actuais e a relação terapêutica.

Paralelamente, Rank levará ao extremo a ideia do traumatismo, cedo atribuindo toda a patologia neurótica humana a um traumatismo único: «o traumatismo do nascimento». Assim, fortemente influenciado pela ideia da compulsão à repetição limitará a duração da análise aos nove meses de uma gestação normal!

As posições de Ferenczi e Rank provocaram grande agitação no seio do movimento psicanalítico, reacções estas descritas, por exemplo, por Jones (1990).

Pela sua parte, Ferenczi, após alguns fracassos, renunciará, progressivamente e contra vontade, à técnica activa. Explicar-se-á num artigo de 1926 intitulado «Contre-indication de la technique active» («Contra-indicação da técnica activa») (1990). Ele próprio não romperá claramente com Freud, mas prosseguirá com as suas pesquisas técnicas. Com efeito, sempre muito preocupado com a questão da relação terapêutica, centrar-se-á cada vez mais nos problemas da regressão terapêutica e da contratransferência, incomodando com isso um grande número de psicanalistas ditos ortodoxos. Inventa, por exemplo, o método da neocatarse, no qual reintroduz a hipnose (embora de forma esporádica), o que dá origem a discussões com Freud, o qual, em «Analyse terminée et Analyse interminable» (Análise terminada, análise interminável») (1937), dirá:

> É indubitavelmente desejável reduzir a duração de uma cura analítica. Mas o meio de atingirmos o nosso objectivo terapêutico continua a passar pelo acréscimo do poder analítico que pretendemos fornecer ao Ego. A influência exercida sob hipnose parecia ser um excelente meio para atingir os nossos fins: conhecemos a razão que nos levou a renunciar a ela. Não se encontrou até hoje substituto para a hipnose; mas compreendemos, deste ponto de vista, os esforços terapêuticos infelizmente infrutíferos que um analista com a mestria de Ferenczi desenvolveu durante os últimos anos da sua vida.

Os ditos esforços vãos de Ferenczi colocaram-no praticamente à margem da comunidade psicanalítica. Quanto a Rank, após diversas peripécias, acabará por romper com Freud. Irá dedicar uma grande parte da sua atenção aos problemas da criatividade, tanto na área da neurose como na artística. Assim, o primeiro ter-se-á centrado exclusivamente na dinâmica da relação (Ferenczi); o segundo, no mundo dos sonhos, dos fantasmas e das imagens (Rank).

A obra de Ferenczi e Rank é de interesse por vários motivos. Situa-se numa viragem do movimento psicanalítico, traça vias aparentemente divergentes, qualificadas como dissidentes e, no entanto, deixa vestígios seus justamente na prática psicanalítica actual mais ortodoxa. Isto é sobretudo verdade no que se refere a Ferenczi. O estudo da contratransferência e da profundidade da regressão ou ainda a importância da problemática narcísica, etc., ocupam hoje um lugar de destaque na psicanálise moderna. Estes dois autores interessaram-se pela problemática actual dos pacientes, sem negligenciar o passado e atribuindo grande importância à compulsão à repetição. E se a sua acção foi por vezes qualificada como dissidente, isto aconteceu porque um e outro terão negado a teoria das pulsões e a perspectiva histórica em que Freud se situava. No entanto, à sua maneira, Ferenczi tenta ligar *passado e presente* e descobrir em que medida o passado pode influenciar o comportamento de um sujeito no presente; e, em última análise, compreender os investimentos objectais dos sujeitos em tratamento, em função do seu passado. Há, de facto, uma tentativa de integração da dimensão relacional e intrapsíquica. A este propósito, há que salientar o lugar que, na psicanálise, virá a ocupar o problema das relações objectais.

Por outro lado, continuamos a encontrar as duas principais características às quais dão grande importância os autores que se dedicam ao domínio das psicoterapias breves. Alguns, centrados principalmente na relação terapêutica, consideram fundamentais os aspectos técnicos e, sobretudo, as coordenadas do tratamento, dando por vezes provas de um eclectismo táctico algo confuso. Outros privilegiam uma hipótese psicodinâmica simples, a única susceptível, em seu entender, de explicar as perturbações psicológicas, quer partam de uma hipótese psicodinâmica explicativa do conjunto das perturbações psíquicas, quer limitem a sua acção terapêutica a certos tipos de problemática (a edipiana, em particular). Rank e Ferenczi podem ser considerados precursores, na medida em que não só desencadearam o movimento que conduziria às psicoterapias breves modernas, mas também porque as suas investigações prefiguram os trabalhos actuais sobre a função do enquadramento analítico.

Franz Alexander

Ferenczi teve discípulos brilhantes, entre os quais se contam F. Alexander e M. Balint, um dos pioneiros da psicoterapia breve moderna.

O caso de Alexander, fundador do Instituto de Psicanálise de Chicago em 1931, merece destaque na medida em que é citado pela maior parte dos autores modernos. Isto acontece quer porque, na sequência das suas próprias experiências independentes, os vários autores redescobriram os princípios básicos de Alexander, quer porque se inspiraram directamente na sua obra.

Sabe-se através de Jones que Alexander ingressou muito cedo como aluno no Instituto de Psicanálise de Berlim e foi muito apreciado por Freud, que o classificou como sendo um dos analistas mais brilhantes da sua geração. De formação psicanalítica muito ortodoxa, desenvolveu, em colaboração com Thomas French em especial, uma teoria dita de «experiência emocional correctiva», segundo a qual não é a simples rememoração de um acontecimento que cura um paciente da sua neurose, mas sim o reviver de uma *experiência* correctiva que destrói o efeito da antiga experiência. «Esta nova experiência *correctiva* pode ser fornecida pela relação de transferência, por novas experiências de vida ou por ambas.» (Alexander, 1959, p. 27.)

Situando historicamente a sua obra como a continuação e realização das ideias propostas por Ferenczi e Rank, Alexander tentará, por diversos meios, flexibilizar as coordenadas rígidas da psicanálise, criando uma nova forma de psicoterapia analítica: a psicoterapia breve. Tece, a propósito dos diferentes meios a que recorreu, os seguintes comentários:

> No Instituto de Chicago, insistia-se muito na necessidade de se elaborar um plano de tratamento com base numa apreciação diagnóstico-dinâmica da personalidade do paciente e dos problemas reais que ele devesse resolver na sua vida. Ao elaborar um plano de tratamento destes, cabe ao analista decidir em cada caso se é indicado um tratamento essencialmente de apoio ou de descoberta, ou ainda se o trabalho terapêutico consiste sobretudo numa modificação das condições exteriores de vida do paciente.

Descreve ainda os seguintes meios utilizáveis na cura:

> Para além da decisão inicial tomada, nomeadamente quanto à estratégia a aplicar na terapia de cada um dos casos, recomendamos a utilização consciente e flexível de diversas técnicas, alterando as tácticas de forma a adaptá-las às necessidades do momento. Eis algumas modificações da técnica-padrão: utilização não só do método da associação livre, como também de sessões de carácter mais directo, gestão da frequência das sessões, directivas dadas ao paciente e referentes à sua vida quotidiana. Estabelecimento de intervalos de maior ou menor duração e destinados a preparar o fim da terapia, regulação da relação de transferência visando identificar as necessidades específicas de cada caso e a utilização das experiências da vida real como parte integrante da terapia [Alexander, 1959, pp. 11-12].

French e Alexander insistem no facto de não existir demarcação nítida entre a técnica que preconizam e a da psicanálise ortodoxa. Na sua opinião, as diferentes atitudes do analista podem variar consideravelmente em função da problemática dos pacientes. As modificações propostas situam-se numa linha contínua que vai da neutralidade clássica à actividade mais ecléctica. No entanto, apesar de terem Ferenczi como referência, estes dois autores inflectem a noção de actividade. Enquanto Ferenczi se centra sobre as injunções a dar ao paciente destinadas a aumentar a *tensão intrapsíquica* e a facilitar a tomada de consciência, French e Alexander debruçam-se sobre os actos concertados do terapeuta, que têm como finalidade provocar uma experiência emocional nova. Esta última visa «corrigir» os traumatismos do passado, sendo que o paciente os revive num clima novo. Estes autores evoluem, portanto, para uma óptica reparadora, ao contrário de Ferenczi, que tenta sobretudo lutar contra resistências aparentemente insuperáveis, nomeadamente, as reacções terapêuticas negativas.

Alfred Maeder

O suíço Alfred Maeder, que já se encontrara com Freud em 1906, assumiu uma posição independente na época da dissidência de Jung. Todavia, decorridos vários anos de prática psicanalítica clássica, dirige os seus esforços no sentido do desenvolvimento de formas abreviadas de terapia. Na sua opinião, Freud estava mais interessado na pesquisa científica do que na terapêutica em si, o que aliás se coadunava com o seu carácter. Reportando-se aos trabalhos de Ferenczi, A. Maeder propôs um método psicoterapêutico que classificou como «apelativo», por se basear no «apelo» (pedido de ajuda) do paciente. Este método, que exigia do terapeuta uma atitude mais activa, atribuía muita importância ao conteúdo manifesto do pedido do paciente formulado na primeira sessão (Maeder, 1970).

A «corrente breve» e o seu desenvolvimento

Sob a influência de Alexander e apoiado pelo Instituto de Psicanálise de Chicago, teve lugar nessa mesma cidade, em 1941, um primeiro congresso dedicado à psicoterapia breve. Embora a influência de Alexander fosse marcante, notava-se já grande divergência de pontos de vista, oscilando entre a ideia de que a psicoterapia breve era útil para a restauração das antigas defesas de uma personalidade em crise e a ideia de que essa mesma psicoterapia breve podia provocar mudanças profundas. O enquadramento de referência mantém-se então marcadamente psicanalítico. No entanto, se bem que Alexander se valesse das ideias de Ferenczi, não esqueçamos que lhes deturpava consideravelmente o sentido e que, em determinadas circunstâncias, propunha abertamente uma oposição activa às tendências regressivas dos pacientes, ao contrário do que preconizava o referido autor. Consideremos, por exemplo, a seguinte passagem de Ferenczi:

> Se não conseguirmos levar o paciente ao que Freud denominou «temperatura de ebulição do amor de transferência», em que até os traços mais coriáceos de carácter se fundem, podemos recorrer como última tentativa ao método oposto, atribuindo-lhe tarefas que são desagradáveis e, portanto, através do método activo, exacerbar, desenvolver plenamente e levar

ao absurdo traços de carácter que existem sobretudo no estado embrionário [1921].

Comparemos esta passagem com uma outra de Alexander:

Na formulação das dinâmicas de tratamento, a tendência habitual é a de insistir para que o antigo conflito se repita na relação de transferência e de sublinhar a semelhança existente entre a situação do antigo conflito e a situação de transferência. Assim sendo, a significação terapêutica das diferenças existentes entre a situação original de conflito e a situação terapêutica actual é frequentemente negligenciada. Ora, é justamente nestas diferenças que reside o segredo do valor terapêutico do procedimento analítico. É através da adopção de uma atitude que difere da da pessoa autoritária do passado que o analista proporciona ao paciente a ocasião de enfrentar repetidas vezes essas situações emocionais que anteriormente haviam sido insuportáveis, e de reagir a elas de forma diferente da anterior [1944].

É evidente que a atitude de Ferenczi visa que o paciente se confronte *consigo próprio*, enquanto a de Alexander visa o confronto com um terapeuta *melhor* ou pelo menos diferente dos pais. O primeiro propõe aquilo a que chamaríamos «prescrição do sintoma» e, o segundo, a «correcção» desse mesmo sintoma. A flexibilidade técnica preconizada por Alexander suscitava inúmeros equívocos, embora o objectivo em vista consistisse numa modificação duradoura da personalidade, obtida através de artifícios técnicos baseados numa apreciação muito rigorosa da génese dos sintomas e do equilíbrio pulsional.

Note-se, para terminar, que embora a teoria da experiência emocional correctiva pareça demasiado sumária face à complexidade dos fenómenos observados por Freud – em qualquer dos casos, mais sumária do que as posições de Ferenczi –, esta ideia do valor terapêutico e correctivo da confrontação entre fantasma/realidade está sempre presente na psicanálise e subjacente, por exemplo, ao pensamento de J. Strachey, no artigo que publica em 1934.

A pressão exercida pelos acontecimentos reais exteriores influenciou a evolução das ideias no domínio das diferentes formas de psicoterapias breves. Com efeito, o Congresso de Chicago e as primeiras publicações sobre psicoterapias breves surgem durante a Segunda Guerra Mundial que, tal como a Primeira Grande Guerra, despertou o interesse dos psiquiatras por todas as situações de crise e as neuroses traumáticas. A atenção dos autores irá rapidamente *deslocar-se da problemática pulsional profunda e do conflito interno para a dos conflitos actuais e interpessoais* (neuroses de guerra, crises conjugais, profissionais, etc.). Assim, em inúmeros textos, o peso da realidade externa parece prevalecer sobre o da realidade interna e, se atendermos à definição de Grunberger (1974), esta tendência pode ser classificada como «dissidente».

Os artigos dedicados às formas breves de psicoterapia e que vêm sendo publicados desde 1940 reflectem uma evolução muito interessante. Pouco numerosos os editados entre 1940 e 1950, estes textos referem-se quase todos à psicanálise (Alexander, Berliner, H. Deutsch, etc.). Entre 1950 e 1960, o seu número aumenta, mas mais de metade são já relativos a situações de crise e às diferentes necessidades da população. A partir de 1960, estas publicações proliferam nos países anglo-saxónicos, mas pelo menos três quartos destas colocam no primeiro plano das suas preocupações os problemas externos à dinâmica do processo psicanalítico. As referências psicanalíticas tornam-se raras, quase inexistentes e inúmeras são as técnicas descritas que já nada têm a ver com a psicanálise (*Behaviour Therapy*, grupo de animação, terapia familiar, etc.).

Os argumentos apresentados podem resumir-se como se segue:

- o número insuficiente de terapeutas; a quantidade de pessoas que reconhecem a necessidade de um tratamento psicológico aumenta consideravelmente e com muito mais rapidez do que o número de psicanalistas;
- as dificuldades económicas de muitos pacientes;
- a falta de tempo de algumas pessoas;
- as dificuldades de verbalização de determinadas classes socioeconómicas menos favorecidas;
- as situações de crise e as situações de catástrofe (na opinião de Grinker, por exemplo, as psicoterapias breves seriam a única forma de tratamento adequada às necessidades geradas pela situação de guerra!);
- «a expectativa» dos pacientes que desejam resultados rápidos;
- o papel preventivo necessário de algumas psicoterapias.

Sendo o nosso enquadramento de referência psicanalítico, não enunciaremos aqui todas as variedades de terapias enumeradas. Parece-nos, no entanto, conveniente salientar a facilidade com que a atenção se desviou do conflito interno para se centrar no externo, justificando-se assim os receios de Freud quanto às inovações de Ferenczi, bem como a reticência de muitos psicanalistas ortodoxos. Entre estes últimos, aqueles que ainda assim se interessam pelas formas abreviadas de psicoterapia insistem frequentemente no seu aspecto paliativo e negam a possibilidade de se alcançarem modificações estruturais sem, no entanto, o terem testado experimentalmente.

Em nossa opinião, as diferentes posições que nos interessam do ponto de vista psicanalítico articulam-se em torno do equilíbrio dialéctico que opõe ou liga o *passado ao presente, o fantasma à realidade*. No plano terapêutico, a questão fulcral é a da *mudança psíquica* e, mais particularmente, a dos *efeitos específicos da interpretação*, tanto na psicanálise como na psicoterapia de inspiração psicanalítica. E isto porque a multiplicidade de esforços técnicos bem como de estudos publicados obtiveram um resultado positivo de sensibilizar os terapeutas para a problemática da referida mudança psíquica e de flexibilizar as posições respectivas. Começa-se, pois, a admitir que as intervenções psicoterapêuticas breves não têm apenas um efeito paliativo ou «remediador», como antes se pensava, reconhecendo-se actualmente a existência de meios muito diferentes que permitem obter resultados terapêuticos muito satisfatórios, duradouros, por vezes idênticos e isto com frequência num período de tempo relativamente curto em comparação com a psicanálise. Tal leva-nos, inevitavelmente, a interrogar-nos sobre os efeitos específicos dos diversos instrumentos terapêuticos utilizados e a reanalisar os conceitos de perlaboração, catarse, interpretação/reconstrução ou interpretação histórica, etc.

Embora a psicanálise freudiana represente provavelmente o corpo teórico explicativo mais completo, mais rigoroso e mais coerente em psiquiatria e se bem que o seu método possa estar claramente definido, não é menos verdade que existem ainda vastas zonas obscuras, mesmo no que diz respeito ao campo que ela parece ter delimitado com tanta nitidez. Em nossa opinião, a ambiguidade fundamental reside no facto de pretender descrever o aparelho psíquico como sendo um todo quase hermético enquanto a técnica de investigação implica uma *relação intersubjectiva*. Os vários estudos que vêm sendo feitos sobre a contratransferência ainda não conseguiram até hoje esclarecer totalmente a natureza desta relação. O facto de as mudanças psíquicas duradouras poderem ocorrer sem uma longa perlaboração deve incitar-nos a estudar melhor a sua natureza e a situá-las em relação ao enquadramento de referência psicanalítico. Para isso, na nossa opinião, é fulcral a questão das *resistências à mudança*. Lembremo-nos que Freud, como já referimos anteriormente, depois de ensaiar algumas modificações técnicas para vencer essas resistências, optou sempre por uma explicação metapsicológica baseada na dinâmica intrapsíquica para justificar a sua existência, preferindo alterar a sua concepção do funcionamento mental a alterar as coordenadas da cura.

As várias medidas propostas por Ferenczi, Rank e depois Alexander tinham por finalidade vencer eficazmente as ditas resistências, sem longa perlaboração, objectivo este que também a maior parte dos autores em psicoterapia breve procura atingir.

Conclusão

Em 1895, a obra *Études sur l'hystérie* descreve essencialmente terapias de curta duração (Emmy V. N.: sete semanas; Lucy R.: nove semanas; Katharina: uma sessão; Elisabeth von R.: alguns meses). Em 1990, o tratamento de Dora dura cerca de três meses; em 1909, o pequeno Hans: dois meses; o Homem dos Ratos: cerca de onze meses. Em 1915, o tratamento do Homem dos Lobos durou cinco anos. A tendência para o alargamento da duração das curas parece situar-se por volta de 1905. No entanto, entre 1900 e 1930, registam-se muitos casos de terapia analítica breve. Além disso, muitas são as dissidências ocorridas durante esse período (Adler, fundador dos centros de orientação infantil na Áustria, Stekel, seguindo-se Ferenczi e Rank e, mais tarde ainda, Alfred Maeder, na Suíça, etc.).

Entre 1940 e 1950, a Segunda Guerra Mundial e algumas catástrofes ocorridas nos EUA (nomeadamente, o incêndio do Coconut Grove) incitam ao aperfeiçoamento do *modo de intervenção psicoterapêutica de urgência*. Nessa mesma época, e sob o impulso dado por Alexander e French, são realizados congressos sobre psicoterapia breve em Chicago (1942-1944-1946). A estes autores se deve aliás a redacção da primeira obra dedicada essencialmente às psicoterapias breves de inspiração psicanalítica (1946).

Os anos 50 marcam *a expansão dos serviços psiquiátricos de urgência* nos EUA e a inauguração (por Lindemann e depois Sifneos, Massachusetts, General Hospital, Boston) de um vasto programa de investigação em psicoterapias breves. É nesta altura também que se desenvolvem os princípios de intervenção em situação de crise (Caplan, Lindemann e colaboradores, Rapaport, Bellak e Small, Nova Iorque).

Este mesmo período (1950-1960) é também particularmente marcante no que respeita aos *métodos de tratamento psiquiátrico e psicoterapêutico*: descoberta de medicamentos psicotrópicos (neurolépticos, antidepressivos, etc.); afirmação das terapias do comportamento com a aplicação das ideias pavlovianas; aparecimento das terapias familiares, na sequência dos primeiros estudos realizados por Ackermann em Nova Iorque; aplicação das teorias cibernéticas às perturbações psíquicas (Bateson); e, por fim, o arranque de vários programas de pesquisa sobre os efeitos das psicoterapias breves.

Os anos 60 serão dedicados à consolidação deste movimento, sendo criados um pouco por todo o mundo múltiplos centros psiquiátricos ambulatórios. A maioria dos serviços psiquiátricos é organizada no sentido de reduzir as listas de espera dos pacientes. Além disso, verifica-se o franco recrudescimento do interesse pelas técnicas de hipnose.

As investigações sobre as psicoterapias breves de inspiração psicanalítica prosseguem e multiplicam-se. Mas são também notórios os inúmeros estudos sobre as grandes correntes da psicanálise moderna: *biológica* (eventual aceleração do processo por acréscimo de medicamentos); *sistémica* (tratamento dos problemas relacionais); e, evidentemente, *psicanalítica* e suas derivadas.

Actualmente, e em todo lado, exige-se por parte do psicoterapeuta provas de eficácia. Exige-se-lhe técnicas de intervenção económicas e, se possível, úteis. A psicanálise, as psicoterapias de inspiração psicanalítica e todas as terapias aparentadas suscitam alguma desconfiança. São acusadas de estimular a dependência dos pacientes e duvida-se que os seus procedimentos sejam realmente terapêuticos.

É provavelmente a esta pressão social que se deve a proliferação das técnicas psicoterapêuticas breves mais diversas que se registou ao longo dos últimos anos. Um banco de dados (Psyclit) refere a existência de 1349 artigos publicados entre 1984 e 1996 versando o tema da «psicoterapia breve». Se nos restringirmos às psicoterapias breves de inspiração psicanalítica, o número de artigos é de 145. Os assuntos tratados são os mais diversos: referem-se a psicoterapias breves centradas na maioria dos diagnósticos psiquiátricos (perturbações várias da personalidade [Weiner *et al.*, 1991; Winston *et al.*, 1991], sintomas específicos Uennings, 1991; Catalan *et al.*, 1991, Daie *et al.*, 1991; Brandt *et al.*, 1991], idades específicas [Conte *et al.*, 1991], indicações [Finney *et al.*, 1991, Moreau *et al.*, 1991], processos [Christ *et al.*, 1991], etc. Evocam também técnicas particulares (Eizirik *et al.*, 1991; Piper *et al.*, 1991, Peter, 1991; Bahrey *et al.*, 1991). No entanto, na realidade, cada um destes autores retoma, de forma mais ou menos feliz, os princípios de base desenvolvidos pelos pioneiros F. Alexander e Th. French, M. Balint, D. Malan, P. Sifneos. Estes mesmos autores inspiravam-se nas teorias desenvolvidas por S. Ferenczi sobre a «técnica activa». No próximo capítulo, lembraremos alguns aspectos das técnicas desenvolvidas por estes autores.

4 | ALGUNS MODELOS DE PSICOTERAPIAS BREVES

Do ponto de vista da dinâmica da relação estabelecida pelo psicoterapeuta com o seu paciente, pudemos mostrar que a actividade psicoterapêutica se situa entre dois extremos: a sugestão activa e a neutralidade. A profunda reviravolta operada por Freud ao renunciar à prática da hipnose permitiu-lhe inventar um dispositivo novo, uma espécie de enquadramento experimental em que a subjectividade do paciente pudesse revelar-se completamente. Mas verificámos também os possíveis efeitos perversos. Alguns pacientes parecem satisfeitos com este quadro «atemporal» e têm uma dificuldade enorme em dar por terminada a sua psicanálise. Assim, para vencer esta resistência e seguindo o exemplo de Ferenczi, alguns autores reintroduziram o recurso às manipulações activas por parte do psicoterapeuta, e isto sob formas tão diferentes que chegam a revestir-se de um ecletismo surpreendente. As psicoterapias breves nascem deste movimento. No presente capítulo, examinaremos alguns modelos de psicoterapias breves considerados relevantes pela sua eficácia terapêutica e também pelos diferentes pontos de vista teóricos e práticas que reflectem.

Bellak e Small (1968)

Estes autores desenvolveram uma técnica de intervenção em situações de crise psicológica composta por seis sessões. Os meios a que recorreram inspiram-se na psicanálise, mas provêm também de outras correntes de pensamento. São seis os aspectos desenvolvidos:

1. Identificação do problema actual e formulação de hipóteses que a anamnese deverá confirmar, alterar ou infirmar.

2. Elaboração de anamnese com o fim de obter os dados susceptíveis de esclarecer a história pessoal do paciente e permitir o estabelecimento do diagnóstico, se possível na primeira sessão. O terapeuta deverá utilizar a sua competência para facilitar a comunicação.
3. Estabelecimento de relações causais – tendo em conta a probabilidade de sobredeterminação.
4. Após identificação da causa dos sintomas, escolha das intervenções susceptíveis de os eliminar. As intervenções podem ser apenas verbais, mas também podem ser reforçadas por outras medidas activas.
5. Perlaboração do problema – reforço do novo comportamento adquirido e extinção dos modos neuróticos de adaptação.
6. Término da terapia e preocupação em manter uma transferência positiva por parte do paciente, informando-o de que poderá voltar quando quiser.

Podemos concluir que as medidas propostas provêm de sistemas diferentes, sendo alguns termos de origem behaviorista. As ideias-chave podem resumir-se da seguinte forma: *escolha* de um problema claramente circunscrito; *intervenções activas* visando a sua resolução.

A natureza do processo já não se encontra muito claramente referida em função da psicanálise, a despeito das inúmeras considerações sobre a natureza das interpretações.

K. Lewin (1970)

A técnica deste autor fundamenta-se também em conceitos psicanalíticos, embora haja algumas divergências no que diz respeito ao desenvolvimento sexual da mulher. Os princípios são os seguintes:

1. Estabelecimento, antes do início da terapia, de um contrato com o paciente definindo os objectivos do trabalho a realizar.
2. O médico confronta desde o início muito activamente o paciente com o seu comportamento autopunitivo, esperando que este se aperceba de que é ele próprio o causador das suas dificuldades.
3. Interpretação precoce da transferência, em especial dos seus aspectos negativos.
4. Focalização da atenção do paciente em todas as sessões, para manter a continuidade.
5. Recomendação ao paciente para que prossiga o trabalho em casa, durante 24 horas por dia e 7 dias por semana.
6. Através dos seus comentários e do seu comportamento, o terapeuta propõe ao paciente um modelo de consciência mais normal e menos punitivo.

Neste modelo, reencontramos as ideias de *actividade* e *planeamento*, mas baseadas numa concepção muito particular da origem das perturbações neuróticas. Na sua globalidade, estas estariam essencialmente relacionadas com um problema de *culpabilidade* e *masochismo*.

Emerge pois daqui uma teoria simples que visa explicar o conjunto das perturbações neuróticas.

Escolhemos estes dois primeiros exemplos, de entre muitos outros, devido ao seu carácter extremo. O primeiro surpreende pelo eclectismo das medidas propostas; o outro, pelas suas concepções teóricas de base. Ambos têm a psicanálise como referência, mas é muito ténue a afinidade que exibem com a cura-padrão. Com efeito, estes dois modelos ilustram de uma forma bastante nítida os dois pólos entre os quais os autores oscilam constantemente: a escolha de um *problema* central e de uma *hipótese* central «que explique» quer o conjunto das perturbações psíquicas através de uma espécie de «neurose de base» (Bergler, 1969) quer as perturbações principais.

Em função deste quadro conceptual de base, os autores propõem planear a cura e conduzi-la activamente no sentido do objectivo previamente estabelecido. Ao longo dos anos, tal como o provam as pesquisas bibliográficas, o número de métodos propostos aumentou exponencialmente: psicoterapias individuais, de grupo, familiares, comportamentais, hospitalizações de curta duração, etc. A despeito das tentativas de conciliar elementos provenientes de correntes diferentes, estes métodos obedecem geralmente a duas regras fundamentais:

1. Identificação de uma causa hipotética simples da patologia.
2. Organização «activa» do trabalho do terapeuta.

A hipótese psicodinâmica inicial aqui formulada define como sendo antigo o funcionamento actual; o planeamento remete para um novo modelo. A tónica é posta na mudança. Pouca diferença faz falar-se de tratamento «remediador» (ou paliativo), no qual o objectivo estabelecido consiste na restauração do equilíbrio que precede a crise, ou de tratamento «em profundidade», que visa a reestruturação da personalidade. As intervenções do terapeuta já não se limitam a reconhecer, num comportamento patológico, as suas origens remotas ou o seu significado oculto, orientando-se antes em função de um objectivo. Ao determinismo simples subjacente à primeira perspectiva, vem somar-se a noção de finalidade. *A terapia define-se, então, como uma interacção regida por normas aceites por ambos os interlocutores, em função de um objectivo concreto.*

M. Balint e D. Malan

É digno de nota verificar que as experiências de M. Balint e do seu aluno D. Malan, assim como as de P. Sifneos, tiveram um início quase simultâneo (Balint, em 1954; Sifneos, em 1956), sem que os autores tivessem conhecimento dos estudos uns dos outros. Isto ilustra bem o facto de a preocupação com a duração da terapia e com as resistências dos pacientes corresponder a uma necessidade generalizada.

Conhecemos as concepções de Balint, aluno de Ferenczi, sobre a relação terapêutica:

> A cura psicanalítica, mesmo na sua acepção clássica de «espelho bem polido», é essencialmente uma relação objectal. Todos os acontecimentos que resultem numa modificação terapêutica do psiquismo do paciente são provocados por acontecimentos que ocorrem numa relação dual, isto é, que se produzem essencialmente entre duas pessoas e não apenas no interior de uma delas [1971].

Privilegia-se portanto claramente a interacção dinâmica terapeuta/paciente.

Em 1954, Balint fundava um grupo de trabalho de psicoterapeutas, destinado a explorar as possibilidades da terapia breve de inspiração psicanalítica. A ideia de base era a de ir ao encontro da primeira concepção de Freud. Este grupo trabalhava intensamente e discutia todos os casos tratados. A técnica que o grupo concebeu descreve-se como se segue:

1. O face a face.
2. Definição inicial da data de término da terapia, deixando-se claro que, se o resultado pretendido não for atingido dentro do prazo marcado, outras formas de psicoterapia poderão ser consideradas.
3. Formulação de uma hipótese psicodinâmica de base explicativa da problemática principal do paciente.
4. Técnica de interpretação mais activa. Consiste na atenção selectiva incidindo sobre elementos relativos à hipótese psicodinâmica de base e na negligência selectiva dos elementos estranhos a essa hipótese. Esta técnica de intervenção denomina-se psicoterapia focal.

Na sequência desta experiência, D. Malan (1975) realizou estudos catamnésicos muito aprofundados acerca do problema da selecção dos pacientes para este tipo de terapia e também sobre os resultados obtidos. Demonstrou que podem ser obtidas mudanças duradouras através de uma psicoterapia de curta duração e que essas mudanças se baseiam em modificações estruturais da personalidade. Para além disso, contrariamente ao que se pudesse pensar, uma tal evolução positiva podia ocorrer em personalidades gravemente perturbadas e não parecia depender nem da antiguidade das perturbações, nem da sua profundidade. Os factores determinantes de um bom prognóstico são os seguintes:

- um forte desejo de mudar através de um melhor onhecimento de si próprio;
- a possibilidade de focalizar a cura;
- a natureza das interpretações ligando os movimentos transferenciais às imagos parentais.

Esta pesquisa provou, portanto, ser possível vencer as resistências inconscientes dos pacientes modificando algumas coordenadas da terapia psicanalítica sem todavia deixar de obedecer aos conceitos de base. É a avaliação imediata da problemática inconsciente principal dos pacientes, a fixação da data de término e a escolha concertada das interpretações que permitem obter esse resultado.

P. Sifneos

P. Sifneos é um clínico brilhante que, tal como M. Balint, se interessou pela psicossomática (área no seio da qual desenvolveu o famoso conceito de alexitimia) e pelas psicoterapias breves. No início, trabalhava no General Massachusetts Hospital que, por iniciativa de Lindeman, terá sido o primeiro nos EUA a criar um serviço psicoterapêutico de urgência. Após uma primeira experiência na área das psicoterapias de curta duração, cujos resultados foram muito positivos, P. Sifneos, que sempre exerceu uma actividade psicanalítica clássica, levou a cabo investigações sobre as psicoterapias analíticas de curta duração, psicoterapias estas que denomina por «psicoterapias de curto prazo desencadeadoras de ansiedade» (1972, 1987, 1992). Este autor centra a sua argumentação na noção de crise emocional considerada como o foco e a placa giratória ao longo de um contínuo dinâmico dos processos psicológicos.

> A compreensão de uma crise emocional lança luz sobre os diferentes estádios de formação dos sintomas psiquiátricos, antes mesmo de estes se cristalizarem sob a forma de neurose. Permite, além disso, o recurso a acções preventivas – as intervenções psicoterapêuticas breves – às quais recorremos para evitar o desenvolvimento dessa neurose [1972, p. 49].

Sifneos distingue dois tipos de psicoterapias breves:
1. Psicoterapia ansiolítica ou de apoio. Consiste num apoio dado em período de crise a um paciente que se confronte com dificuldades emocionais crónicas. O objectivo é o de reduzir a ansiedade.

2. Psicoterapia desencadeadora de ansiedade ou dinâmica. Destina-se a provocar, através da tomada de consciência, a resolução de um problema (*Short-term anxiety provoking psychotherapy*, STAPP).

O autor atribui uma importância fundamental aos *critérios de indicação* na psicoterapia provocadora de ansiedade: apenas são passíveis de serem tratados através deste método os pacientes que sofram de neurose genital, ou seja, nos quais a problemática edipiana está em primeiro plano e que, para além disso, manifestem um forte desejo de mudança. Sifneos estudou muito aprofundadamente o problema da motivação para a mudança nos pacientes, assim como o do estabelecimento de diferentes critérios indicadores de uma certa solidez do Ego. Assim, contrariamente a Malan, Sifneos insiste muito no problema das indicações. Vejamos em pormenor alguns aspectos da STAPP.

A *Stapp* é uma psicoterapia dinâmica orientada para um objectivo focalizado. Considera que o paciente é capaz de colaborar com o terapeuta, num esforço conjunto para instaurar uma aliança terapêutica que permita a criação de uma atmosfera onde o trabalho de resolução de um problema possa ser realizado. No entanto, numa população psiquiátrica, há que proceder a uma triagem dos candidatos capazes de cumprir a tarefa acima mencionada.

Critérios de selecção

Os critérios de selecção são os seguintes:

- problema principal circunscrito;
- presença, na história do paciente, de uma relação significativa de reciprocidade (dar e receber) durante a primeira infância;
- capacidade de estabelecer uma relação flexível com o psicoterapeuta, bem como de exprimir livremente os seus sentimentos durante a primeira sessão;
- inteligência acima da média e provas manifestas de diferenciação psicológica;
- elevado grau de motivação para a mudança e não para o mero alívio dos sintomas.

Técnica

O terapeuta deverá ter sempre presentes as considerações técnicas seguintes:

- formular a uma hipótese psicodinâmica com base nos indícios observados na história do paciente durante a avaliação psiquiátrica. Esta

hipótese permite apreender a natureza do problema psicológico do paciente;
- definir, para cada paciente, critérios que permitem levar o tratamento a bom termo;
- estabelecer um contrato com o paciente no que respeita ao problema a resolver;
- estabelecer uma aliança terapêutica;
- não se desviar do «alvo» terapêutico;
- recorrer a confrontações, esclarecimentos e perguntas passíveis de provocar ansiedade, com o fim de estimular a introspecção do paciente;
- analisar a transferência positiva dominante para tornar críticos os vínculos transferenciais parentais precoces durante a primeira parte da terapia, de forma a criar uma atmosfera propícia à aprendizagem e à experiência emocional correctiva;
- evitar activamente as soluções caracteriais, tais como dependência, tendência passiva, tendência a passar ao acto, a que o paciente recorre para evitar a angústia;
- ensinar sistematicamente as técnicas de resolução dos problemas que o paciente deve aprender;
- terminar precocemente a terapia, logo que se obtenham sinais inequívocos da resolução actual do problema psicológico inicialmente circunscrito.

Delimitação temporal

A STAPP é uma terapia psicodinâmica baseada em princípios psicanalíticos. Pressupõe que os ingredientes de base sejam os fenómenos de transferência. A transferência é definida como uma interacção psicológica entre duas pessoas, interacção esta que possui componentes, quer conscientes quer inconscientes. Assim sendo, e segundo esta definição, a transferência não se limita à interacção paciente/terapeuta.

Na opinião de Sifneos, o terapeuta que esteja com o seu paciente num registo face a face uma vez por semana não tem acesso à neurose de transferência. Não pode, portanto, analisá-la. É por isso que a tarefa de resolver o problema focal no qual o terapeuta se centra deve ser rapidamente concluída, antes que a neurose de transferência se instale. A rapidez é, pois, um elemento fundamental da STAPP e é por essa razão que os problemas caracterológicos do paciente são activamente evitados, contornados e ignorados pelo terapeuta que deve ajudar rapidamente o paciente a ultrapassar o seu problema psicológico antes que se instale a neurose de transferência. O tempo requerido para realizar com êxito este projecto varia consideravelmente, mesmo tratando-se de pacientes seleccionados segundo critérios homogéneos.

É por este motivo que Sifneos não define um número arbitrário de sessões ou um prazo específico. Fixa-se, sem rigor e de uma forma flexível, um intervalo de tempo definido como curto. Se, por exemplo, o paciente estiver preocupado com a extensão da terapia, diz-se-lhe que cabe a ambos, a ele e ao terapeuta, cumprir a tarefa em «alguns meses» e não «em alguns anos». E, dessa forma, a responsabilidade da delimitação de tempo será assumida pela dupla paciente/terapeuta.

Resumo

Sifneos preconiza um tratamento de curta duração: entre 12 e 18 sessões, mas sem fixar uma data de término.
É utilizado o face a face.
Terapeuta e paciente acordam, desde o início, o problema a tratar.
A técnica de intervenção de Sifneos é nitidamente mais activa do que a de Malan, cuja atitude é mais neutra. Não hesita em encorajar os pacientes através de intervenções do género: «Este problema não é aquele que tínhamos decidido tratar!» ou então: «Parabéns, descobriu!» Além disso, acompanha muito activamente as associações dos pacientes, que vai estimulando sempre durante a elaboração.
As investigações catamnésicas conduzidas por Sifneos apontam, pelo seu lado, para resultados muito positivos e duradouros. Tal como as de Malan, provam que a qualidade dos resultados está estreitamente relacionada com a motivação dos pacientes no início da terapia. Todavia, em virtude do que descrevemos atrás acerca da selecção mais rigorosa de Sifneos, é evidente que o tipo de terapia utilizada por ele se destina a um grupo de pacientes diferentes dos tratados por Malan.

As características comuns destas duas formas de psicoterapias breves podem resumir-se da seguinte maneira:

- nítida afinidade com a psicanálise freudiana; ênfase essencialmente dada aos conflitos intrapsíquicos, inconscientes e relacionados com o passado;
- atenção especial centrada nos conflitos actuais e no grau de motivação dos pacientes;
- alteração das coordenadas da cura, nomeadamente, redução do número de sessões, face a face, prazo mais ou menos definido logo de início;
- comportamento activo do terapeuta, isto é, planeamento, negligência e atenção selectivas, suporte activo do Ego do paciente (especialmente, no que refere a Sifneos).

Assim, de uma forma muito clara e ao contrário do que acontece noutros exemplos, o terapeuta adopta sem desvios a doutrina freudiana, o seu papel activo é sublinhado pelos autores e, como já o referimos no capítulo 1, o enquadramento é modificado. É grande o interesse pela problemática intrapsíquica do sujeito, mas a ênfase é colocada numa técnica interpessoal e num enquadramento mais dinâmico, susceptíveis de provocar modificações do equilíbrio interior. O papel activo (a situação) do sujeito também é sublinhado. Admite-se pois abertamente a possibilidade de uma «dinâmica a dois».

É também interessante realçar aqui as diferenças existentes entre Sifneos e Malan e que se referem essencialmente a dois aspectos: as indicações terapêuticas e a actividade do terapeuta. Sifneos insiste no cumprimento de rigorosos critérios de selecção e a sua técnica é muito activa. Malan, pelo seu lado, sublinha essencialmentre a necessidade de poder formular uma hipótese psicodinâmica de base simples, mas não restringe as suas indicações aos pacientes que sofrem de perturbações neuróticas no seu sentido restrito. Em contrapartida, a sua atitude é menos activa e baseia-se na delimitação temporal e na escolha selectiva de interpretações. O facto de adoptar uma atitude mais «expectante» parece permitir um alargamento das indicações, conquanto o enquadramento temporal seja claramente definido.

H. Davanloo

Este professor da Universidade McGill (Montreal), dotado de um carisma notável, interessou-se pelas psicoterapias breves em 1963 e rapidamente desenvolveu a técnica das psicoterapias dinâmicas de curto prazo (PDCP) (1978).

Logo na primeira sessão, são explorados os seguintes critérios de avaliação:

- formulação de um diagnóstico clínico;
- formulação de um diagnóstico dinâmico;
- formulação de um diagnóstico genético;
- apreciação das possibilidades terapêuticas;
- avaliação dos movimentos transferenciais e contratransferenciais.

Na opinião de Davanloo, os pacientes susceptíveis de reagir positivamente à PDCP apresentam organizações de personalidade mais perturbadas do que as neuroses no seu sentido restrito. É por esta razão que ele não fixa um prazo à duração da terapia, salientando simplesmente que esta dura, em geral, quinze a trinta sessões e que essa duração varia de pessoa para pessoa.

Habitualmente, uma PDCP é mais longa do que uma STAPP. Os critérios fundamentais sobre os quais se baseia a selecção de pacientes são a motivação do paciente e a circunscrição de um conflito principal. Preenchidos estes critérios, a PDCP pode iniciar-se. Paciente e terapeuta estão face a face, desde a primeira sessão.

Davanloo foca as suas intervenções no conflito central, que trata à semelhança de uma problemática edipiana. Davanloo é um terapeuta extremamente activo que não hesita em confrontar fortemente o paciente com as suas resistências, e em intervir logo que surgem as primeiras manifestações afectivas do paciente em relação à pessoa do analista, obrigando-o a verbalizá-las. Davanloo mantém-se sempre numa posição dominante em relação ao seu paciente e acontece frequentemente falar muito mais do que este. Note-se que este tipo de terapia deixa pouco espaço à expressão dos fantasmas do paciente.

Davanloo realizou pesquisas com base em gravações audiovisuais que parecem provar a validade do método. No entanto, o êxito da PDCP depende grandemente dos critérios de selecção de pacientes.

H. Strupp

H. Strupp é professor de Psicologia na Universidade Vanderbilt (EUA). Realizou importantes estudos comparativos sobre os efeitos das psicoterapias breves praticadas por leigos ou por especialistas. Desenvolveu recentemente um método psicoterapêutico baseado nas transacções paciente/terapeuta, cujos princípios passamos a enumerar (Strupp, Binder, 1984).

Critérios de indicação

É desde a primeira sessão de avaliação que se averigua:

- o desconforto emocional do paciente;
- a confiança de base;
- o desejo de descobrir os seus conflitos interpessoais;
- o desejo de analisar os seus próprios sentimentos;
- a capacidade de manter uma relação madura;
- a motivação para a terapia proposta.

Técnica

Se estes critérios forem preenchidos, o tratamento poderá iniciar-se de acordo com as seguintes modalidades:

- face a face;
- duração indefinida; .
- focalização em dois aspectos fundamentais: as transacções interpessoais e a narrativa;

- atitude «empática» do terapeuta que deve, no entanto, tentar manter um certo grau de tensão a fim de estimular a motivação do paciente e acelerar o processo.

No que respeita à focalização, Strupp define quatro categorias de acções cuja inter-relação constitui a trama do esquema da narrativa do paciente.

1. As próprias acções, como por exemplo: «Gosto da minha mãe» ou «Não consigo parar de pensar que sou inferior».
2. Expectativas acerca da reacção dos outros, como por exemplo: «Tenho a certeza de que ela troçaria de mim» ou «Acho que ele me censuraria».
3. As acções dos outros em relação a si próprio, como por exemplo: «Quando lhe pedi dinheiro, ele ignorou-me.»
4. As próprias acções introvertidas, como por exemplo: «Quando o meu marido se zanga comigo, enervo-me; e bebo para me acalmar.»

Toda a actividade do psicoterapeuta se baseia, portanto, nos elementos mencionados verbalmente pelo paciente e já não numa problemática intrapsíquica.

Os resultados desta forma de psicoterapia serão em geral positivos, conquanto as indicações sejam adequadas.

É interessante comparar os dois últimos métodos citados, do ponto de vista da *relação terapeuta/paciente*. Verifica-se que, convencido do seu efeito terapêutico, Davanloo leva ao extremo a noção de actividade. Impõe ao paciente uma espécie de «choque eléctrico», mas não parece nada preocupado com a sua contratransferência, nem tão-pouco com a dinâmica transaccional.

Pelo seu lado, Strupp centra-se mais nas transacções interpessoais actuais do que no inconsciente do paciente mas, ao contrário de Davanloo, analisa essas interacções (metacomunicação). Ambos se preocupam com os efeitos das transacções mas um age e o outro analisa.

L. Luborsky

L. Luborsky é professor de Psicologia no Departamento de Psiquiatria da Universidade da Pensilvânia, nos EUA. Notabilizou-se pelos seus estudos comparativos sobre as psicoterapias (Luborsky *et al.*, 1975), tema acerca do qual publicou diversos artigos e livros. Desenvolveu sobretudo um método de análise dos conflitos através da identificação de um «tema relacional conflitual central» *(CCRT, Core Conflictual Relationship Theme)* (1977). Este método de análise é utilizado como base da técnica da psicoterapia «expressiva e de apoio» que o autor descreve em pormenor na sua obra (1984) que versa sobre as psicoterapias de apoio, as psicoterapias expressivas e de suporte de longa duração e as psicoterapias breves. Luborsky insiste na necessidade de se dispor de referências claras para se poder decidir se determinado paciente mudou graças ao tratamento ou não e, neste sentido, considerou indispensável a realização de um manual contendo indicações precisas sobre a técnica e os objectivos da terapia. É certo que o método do CCRT tem a vantagem de ser de aplicação bastante simples e de permitir que avaliadores imparciais cheguem a um consenso quanto à natureza dos conflitos apresentados pelos pacientes. Note-se que este método se aproxima bastante do de Strupp, uma vez que privilegia a problemática *relacional do paciente*, problemática que se tenta descobrir no *discurso* deste último.

Luborsky descreve as suas posições tal como se segue:

Quais são as mudanças verificadas no paciente?

1. O paciente revela uma melhor compreensão dos sintomas e dos problemas associados ao tema relacional conflitual central (TRCC), incluindo alguns cuja existência ignorava até esse momento. Esta compreensão conduz a mudanças sintomáticas e a um maior controlo das manifestações nocivas subjacentes aos problemas associados a TRCC, assim como a modificações nas componentes deste último.
2. O paciente experimenta o sentimento crescente de ter ganho um aliado na sua luta para vencer os aspectos autodestrutivos repetitivos dos problemas associados ao TRCC.
3. O paciente interioriza um sistema que visa controlar o TRCC para que se mantenham os efeitos já produzidos pelo tratamento.

Como se opera a mudança do ponto de vista do paciente?

1. O paciente adquire a capacidade de se envolver activamente num processo que o conduz à compreensão dos problemas associados ao conflito relacional central. Continua a perlaborá-los na sua relação com o terapeuta, o que lhe permite compreender a natureza das suas relações passadas significativa.
2. O paciente está em condições de formar uma aliança terapêutica com o terapeuta.
3. O paciente consegue interiorizar os efeitos já produzidos pelo tratamento, resultado que se obtém através de um trabalho que incide sobre o significado que tem para si o final da terapia.

Do ponto de vista do terapeuta qual é o meio através do qual se opera a mudança?

1. O terapeuta leva o paciente a exprimir-se e a compreender os problemas do TRCC. Incita-o a prosseguir a perlaboração. Tenta também compreender as suas relações anteriores significativas.

2. O terapeuta está em condições de ajudar o paciente a formar uma aliança terapêutica, garantindo-lhe o apoio necessário.
3. O terapeuta está em condições de apoiar o paciente no processo de integração dos efeitos já produzidos pela terapia:

Resumidamente, podemos afirmar que a técnica de Luborsky se baseia na identificação, face ao discurso do paciente, de um tema conflitual relacional central e da sua perlaboração na cura.

No que diz especialmente respeito às psicoterapias de duração limitada, Luborsky considera-as uma variante da psicoterapia expressiva e de suporte que comporta um limite temporal definido e inferior a 25 sessões e uma focalização mais marcada ainda do que a observada na forma «atemporal» desta técnica.

A propósito da transferência inicial dos psicoterapeutas

Foi algumas vezes afirmado que cada método psicoterapêutico se caracterizava por uma contratransferência específica. Parece-nos mais correcto dizer que se caracteriza por uma *transferência específica do psicoterapeuta*. Com efeito, antes do primeiro encontro com o paciente, o psicanalista tem já uma ideia preconcebida acerca do que espera deste último e do que lhe vai oferecer, o que não pode deixar de influenciar o curso das coisas. Se examinarmos as diferentes técnicas deste ponto de vista, chegaremos à conclusão de que:

- Ferenczi oscila entre uma posição paternal activa e uma posição maternal acolhedora;
- Alexander propõe oferecer ao paciente a relação correctiva de que ele necessita;
- Bellak deseja evocar e manter pela parte do paciente uma transferência positiva;
- Malan apresenta-se como um guia esclarecido;
- Sifneos apoia-se numa transferência paternal muito positiva;
- Luborsky assume-se como um detective perspicaz;
- Davanloo, pelo contrário, parte manifestamente de uma transferência negativa e persecutória, etc.

Estas diferentes posturas ilustram o facto de a actividade ser, na realidade, uma posição relacional dotada de sentido e adoptada pelo terapeuta desde o início da psicoterapia. Poderemos verificar, no capítulo seguinte, que a nossa posição consistiu, pelo contrário, em manter a neutralidade e a abstinência do psicanalista, mas numa situação de face a face e durante um tempo limitado.

5 | A DINÂMICA DAS PSICOTERAPIAS

A psiquiatria «descobriu o seu verdadeiro rosto no dia em que o essencial da terapêutica psiquiátrica se impôs sob a forma de técnicas psicoterapêuticas. E isto é e continuará a ser verdade qualquer que seja a importância e o interesse dos métodos biológicos que passaremos a expor mais adiante. A própria essência da psiquiatria, a sua razão de existir, a originalidade da sua posição no conjunto das ciências médicas, a especificidade dos seus métodos, constituem de facto o acto pelo qual o espírito vem em socorro do espírito, num encontro salutar de compreensão e restauração» (H. Ey, 1974).

Esta citação denota a influência exercida na psiquiatria pelo pensamento psicoterapêutico durante a primeira metade do século XX. Ocupando a psicanálise um lugar preponderante nesta corrente, instalou-se a ideia de que as psicoterapias eram tratamentos longos e onerosos, muitas vezes reservados a uma elite.

Segundo esta ordem de ideias, as pesquisas efectuadas sobre os efeitos das psicoterapias de curta duração interessavam apenas a uma minoria de psicanalistas e os tratamentos eram vistos com algum desdém: retomando a expressão de Freud, comparava-se o cobre da psicoterapia com o ouro da psicanálise (Freud, 1919). Contra toda a evidência e não obstante os resultados de inúmeros estudos (Huber, 1987), as psicoterapias breves eram consideradas formas menores de tratamento, cujos efeitos eram considerados bastante inferiores aos da psicanálise.

Ora, acontece que desde sempre psicoterapeutas e psicanalistas praticaram, por vezes sem o saberem ou para sua própria defesa mas sem o dizerem, psicoterapias breves. E isto porque a ideologia predominante os impedia de publicamente o confessarem.

Ao longo dos últimos anos, o êxito da psiquiatria biológica tem vindo a abalar um pouco esta ideologia. Os progressos da psiquiatria biológica e os factores económicos minaram a hegemonia do pensamento psicanalítico e favoreceram também o desenvolvimento das psicoterapias breves. Estas correm o risco de se transformarem no último bastião da prática psicoterapêutica e até mesmo do pensamento, o que seria, a nosso ver, apenas uma simples reacção à pressão dos acontecimentos e à conjuntura económica, a fim de evitar perder completamente o poder. Mas não seria uma evolução natural, baseada na experiência clínica e na reflexão teórica. E apenas teria como consequência manter o fosso criado por alguns entre as diversas disciplinas que concorrem todas elas para a constituição deste campo complexo que é a psiquiatria: ciências biológicas, ciências sociais ou ciências psicológicas. Neste caso, as psicoterapias breves continuariam a ser consideradas as parentes pobres da psicanálise: adaptar-se a uma dada situação para não desaparecer acarreta muitas vezes uma reflexão insuficiente quanto aos factores que contribuem para o equilíbrio psíquico. E aqueles que conseguirem conservar os seus pacientes (ou o seu cargo universitário) graças à psicoterapia breve não terão contribuído em nada para esclarecer os fenómenos psíquicos e continuarão convencidos de que as psicoterapias breves são meros subprodutos da psicanálise.

Quanto a nós, dada a nossa posição de chefia de um serviço de psiquiatria geral externa, isto é, não tendo a possibilidade de seleccionar os pacientes, sempre nos recusámos a ver as coisas desta maneira. Debruçámo-nos, desde o início, sobre a questão da mudança psíquica e os meios de a operar. Perguntámo-nos qual seria o meio mais eficaz e rápido para ajudar o paciente a ultrapassar as suas dificuldades o mais rapidamente possível. Esta é uma forma de aplicar os princípios da psicoterapia breve ao conjunto da nossa prática psiquiátrica.

A propósito da duração dos tratamentos psicológicos

Tal como fizemos notar acima, os psicanalistas e os psicoterapeutas sempre recorreram a intervenções breves mas, quase sempre, involuntariamente. Estamos, neste caso, perante *drops out* ou rupturas de tratamento, a que também se dá o nome de «contra-indicação para a psicoterapia». Foram inúmeros os estudos realizados a este respeito e parece-nos útil salientar alguns factos.

Na realidade, sabe-se que o número de pacientes que terminam uma psicoterapia de longa duração é muito inferior ao número dos que recorrem a um psiquiatra ou psicoterapeuta. Muitos deles necessitam apenas de um exame psiquiátrico e não de uma psicoterapia propriamente dita.

Os resultados de um estudo incidindo sobre os pacientes que recorrem à consulta da policlínica psiquiátrica A, no serviço de psiquiatria externa de Lausana, revelaram que mais de metade dos pacientes desejava apenas obter um relatório psiquiátrico para efeitos de apresentação a um organismo oficial, como uma seguradora ou entidade patronal (Coquoz, 1996). No entanto, muitos são também os pacientes potenciais que desistem da consulta sem terem sido examinados. Por exemplo, L. W. Brandt (1964) indica que, de acordo com um estudo de Lief, 3% dos pacientes faltam à primeira consulta. No que nos diz respeito, uma recente sondagem abrangendo os últimos seis meses da consulta na policlínica permitiu-nos verificar que mais de 20% dos pacientes faltam às consultas. Destes, apenas metade tem o cuidado de as anular; os restantes simplesmente não comparecem (quadro 5). Note-se que se trata de um serviço público e que a taxa de absentismo deverá ser bastante inferior à da consulta particular.

Quadro 5.1. Consulta policlínica psiquiátrica A
(17 de Julho de 1996 a 10 de Janeiro de 1997).

Marcações	Anulações	Ausências	Comparências
287	31 (11%)	28 (10%)	228 (79%)

Para além disto, grande parte desiste após uma ou duas sessões, isto é, antes da instauração clara de um enquadramento psicoterapêutico. No estudo acima mencionado, N. Coquoz indica também que apenas 42% dos pacientes que solicitam claramente o mantêm mais de dois meses. Daqueles que não prosseguem, cerca de 22% concluem o tratamento e um terço interrompe-o, contrariando a opinião do terapeuta (ver quadro 5.2.)

Quadro 5.2. Situação dos tratamentos ao fim de dois meses.

Pacientes	Interrupções	Terapias terminadas	Indeterminados	Continuados
157	51 (32,5%)	33 (21%)	7 (4,5%)	66 (42%)

De facto, muitos estudos revelam que a proporção dos pacientes que prosseguem com a terapia para além das oito sessões não é muito elevada (quadro 5.3.)

Quadro 5.3. Percentagens de interrupções precoces das terapias
(segundo critérios vários)

Não comparecem à sessão (Lief-Gilliéron)	entre 3% e 20%
Interromperam após uma ou duas sessões	entre 20% e 40%
(Katz, 1958; Gallagher, 1961; Betz, Shullman, 1979; Krauskopf *et al.*, 1981; Fiester, 1975; Epperson, 1981; Lawrence, 1982; Pekarick, 1987)	
Máximo de três sessões (Gallagher, 1961; Swett, 1989)	entre 17% e 42%
Máximo de quatro sessões (Garfield *et al.*, 1963)	entre 42% e 57%
Máximo de nove sessões (Gallagher, 1961; Garfield, 1977)	70%

O conjunto dos estudos resumidos no quadro 5.3 revela nitidamente a importância da dimensão temporal nas terapias psicológicas. Não se pode de modo algum afirmar que os pacientes que interrompem a terapia após algumas sessões se sintam mal. Há já algum tempo, num estudo que realizou acerca dos pacientes que apenas haviam comparecido a uma sessão, D. Malan fez notar que alguns destes tinham tirado proveito dessa única sessão e que profundas mudanças se haviam operado no seguimento desta (1975a).

Nesta perspectiva, parece-nos indispensável não considerarmos as psicoterapias breves de um simples ponto de vista técnico. Há que, pelo contrário, examinar tudo de uma forma global e interrogarmo-nos sobre a questão da mudança psíquica, bem como sobre as expectativas reais dos pacientes no momento em que recorrem à consulta. Que mudança procuram obter e como responder *em cada caso* o melhor possível. Partir do princípio de que todos pretendem psicoterapias de longa duração é tão incorrecto como presumir que é possível curar todos magicamente, por exemplo, através da administração de um medicamento.

Devemos, portanto, perguntar-nos para começar o que é uma psicoterapia; e, depois, examinarmos, na generalidade, os diferentes métodos propostos para tentarmos identificar os factores dinâmicos passíveis de contribuir para a mudança psíquica.

O que é uma psicoterapia?

O dicionário *Robert* define a psicoterapia como sendo uma «terapêutica (de perturbações orgânicas ou psíquicas) que se efectua mediante uma intervenção psicológica no psiquismo. Destinada a leigos, esta definição é evidentemente muito vaga e não dá uma ideia precisa sobre em que consiste, na verdade, uma psicoterapia. No entanto, a definição de uma obra especializada (Porot, 1975), segundo a qual a psicoterapia é: «O conjunto dos meios através dos quais agimos sobre a mente doente ou sobre o corpo doente pela intervenção da mente» (Camus e Pagniez), não nos esclarece mais do que a primeira. Outros manuais como os de Kaplan e Saddock (1981), Ey (1974), Gabbard (1990) também descrevem técnicas psicoterapêuticas, mas não definem com exactidão a psicoterapia.

De facto, não é simples defini-la, porquanto o domínio das psicoterapias é extremamente vasto e compreende múltiplas formas de intervenção, psicoterapêuticas todas elas, e nem sempre se consegue identificar o modelo de referência. Muitas confundem-se com os tratamentos «morais» do século passado; outras, de estilo amigável, apenas se aparentam de uma forma muito ténue com uma terapia cientificamente fundamentada. Para além disso, os vários tipos de tratamentos propostos, com designações muito diversas, inscrevem-se em níveis de compreensão lógica muito diferentes entre si. A lista é longa: psicoterapias comportamentais *(behaviour therapies)*, psicoterapias psicanalíticas, psicoterapias de apoio, psicoterapias pelo grito primal, psicoterapias familiares, hipnose, psicoterapias individuais, psicoterapias de grupo, psicoterapias de relaxação, etc. Note-se que, enquanto algumas são designadas em função da sua *prática* (hipnose, grito), outras são-no em função da sua referência *teórica* (teoria psicanalítica ou comportamental), ou ainda simplesmente pelo número ou o tipo de participantes presentes (grupos, famílias). Torna-se, portanto, extremamente difícil estabelecer relações entre estas diversas formas terapêuticas e classificá-las.

É por isso que, atendendo à multiplicidade dos modelos de classificação, nos parece importante examinar as diferentes técnicas psicoterapêuticas da forma mais global possível, isto é, observar o que fazem os terapeutas antes de os ouvir dizer o que pretendem fazer. Esta medida parece-nos indispensável para que possamos destacar algumas características gerais das psicoterapias.

Examinar as práticas antes de definir a psicoterapia

Do ponto de vista histórico, H. Ellenberger demonstrou claramente (1974) que as práticas terapêuticas actuais, médicas ou não, são o produto de uma longa evolução que vai das técnicas de cura das medicinas ditas primitivas até às técnicas mais modernas. O que não significa que mesmo essas técnicas mais modernas não continuem a estar fortemente impregnadas de pensamento mágico. Basta pensarmos nos incontáveis fármacos receitados por médicos conceituados, não para uma doença claramente definida, mas sim para perturbações cujo diagnóstico não foi possível estabelecer com clareza. Suspeita-se então de um problema subjectivo de que não se fala e conta-se com o efeito placebo do fármaco.

É por esta razão que pensamos que uma classificação fundamentada nas práticas e partindo de um ponto de vista global, é susceptível de introduzir alguma ordem neste campo (Golliéron, 1989).

A psicoterapia enquanto experiência

Podemos afirmar que qualquer situação psicoterapêutica é uma situação experimental, cuja finalidade é criar uma certa «dinâmica psíquica» e medir os seus efeitos. Assim, quando se examinam as diversas práticas psicoterapêuticas, encontramos sempre algumas constantes que podemos resumir em dois factores fundamentais: primeiro, um *modo de gerir a relação terapeuta/paciente e, depois, a aplicação de um dispositivo espácio-temporal fixo.*

Aquilo a que vulgarmente se chama enquadramento psicoterapêutico é constituído pelas regras que o terapeuta e o paciente se comprometem a respeitar e também pelo dispositivo. A partir do momento em que é aplicado, mantém-se permanente. Em contrapartida, variará em função dos objectivos da psicoterapia e dos diferentes modelos teóricos subjacentes. Poderíamos, portanto, esquematizar o conjunto dos parâmetros da psicoterapias da seguinte forma (fig. 5.1):

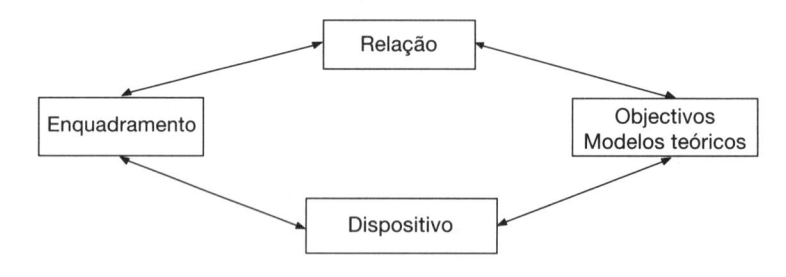

Figura 5.1. Parâmetro das psicoterapias

Algumas noções sobre o enquadramento

A maioria das psicoterapias é, pois, claramente delimitada por um enquadramento que comporta os dois aspectos que acabámos de mencionar, isto é, um conjunto de *códigos relacionais* (as regras do jogo) e um *dispositivo*. É este enquadramento que vai delimitar a situação terapêutica, destacando-a do campo sociocultural no qual estão inseridos terapeuta e paciente (fig. 5.2).

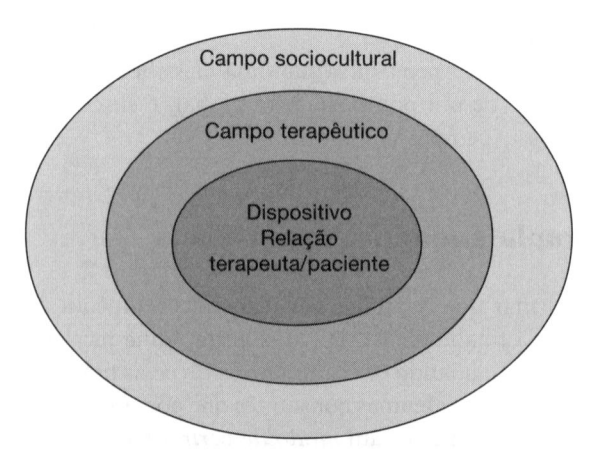

Figura 5.2. O campo terapêutico

Esta delimitação efectua-se de duas formas:

1. Estabelecimento de novas regras relacionais, diferentes das habituais mas aceites pela sociedade, conquanto fique claro tratar-se de uma terapia.
2. Aplicação de um dispositivo que sublinha o aspecto terapêutico da relação e que define algumas das suas características.

Assim sendo, a delimitação do campo psicoterapêutico em relação ao campo sociocultural é feita em primeiro lugar pondo em causa as regras sociais do meio cultural: são determinados códigos psicoterapêuticos diferentes dos códigos sociais convencionais. Fica assim traçada uma espécie de fronteira abstracta fundada na oposição entre duas ordens de códigos: os códigos sociais e os códigos psicoterapêuticos. Por exemplo, alguns tabus são desfeitos mas, em contrapartida, são instauradas algumas interdições. Em psicanálise, o paciente tem o direito de dizer tudo em teoria, mas não lhe é permitido agir. Quanto ao terapeuta, este compromete-se a uma certa neutralidade e abstinência, mas obriga-se a manter activo o pensamento. Algumas trocas, proscritas no exterior, são aqui permitidas; em contrapartida, outras, socialmente aceites, são interditas. Vemos então que, enquanto no campo sociocultural, um certo tipo de discurso é por vezes proibido ou tem de ser moderado para ser aceite, esse mesmo discurso é pelo contrário autorizado ou mesmo obrigatório no campo da terapia. Inversamente, enquanto no campo social alguns actos são necessários e colectivamente valorizados ou acompanham a palavra (manifestação de ternura ou de amor, troca de presentes, etc.), estes são excluídos do campo psicoterapêutico.

Estas regras reformulam profundamente as relações interpessoais comuns, atribuindo a cada interlocutor um papel específico em que um é necessariamente o curado e o outro o curador. Esquematicamente, poder-se-á afirmar que este conjunto de regras reproduz simbolicamente uma relação pai/filho, cuja particularidade reside no facto de que aqui o filho paga honorários para ter o direito de ser filho, contribuindo assim para o bem-estar do seu «pai», situação eminentemente paradoxal de alguém que espera tudo do outro, mas a quem cabe sustentar.

Pode concluir-se que, no campo psicoterapêutico, algo semelhante a uma nova ordem social é instaurado: são criados novos códigos relacionais que *transgridem* deliberadamente as regras habitualmente aceites. Dever-se-ia antes dizer que é provocada uma espécie de *subversão* dos usos e costumes colectivamente estabelecidos em que estes deixam de ser respeitados.

Podemos então definir um primeiro princípio: a função do enquadramento, no interior da cultura, consiste em criar um campo de desordem cultural, eliminando alguns tabus e instaurando outros. Esta subversão é susceptível de abalar as bases sobre as quais assenta o equilíbrio psíquico do sujeito envolvido nesta situação. É nesta zona de insegurança que o terapeuta intervirá. É o primeiro aspecto da delimitação do campo psicoterapêutico em relação ao campo sociocultural. Delimita-se a *relação psicoterapêutica* por oposição às relações sociais habituais. Estamos, pensamos nós, perante uma *constante* de todas as terapias.

Mas, quando analisamos as coisas desta forma, apercebemo-nos de que convém usar de um pouco mais de precisão e distinguir claramente duas situações terapêuticas: as intervenções terapêuticas e as psicoterapias. As primeiras baseiam-se simplesmente no estatuto do terapeuta; as segundas baseiam-se num conjunto concreto de regras (regras do jogo) e num dispositivo definindo ambos uma técnica específica. Isto é particularmente evidente no que diz respeito ao psicanalista: não se pode considerar psicanálise todas as sessões de um psicanalista. As primeiras sessões de um terapeuta e de um paciente podem surtir efeito terapêutico, o que não significa que sejam uma psicoterapia no sentido estrito do termo. Do mesmo modo, grande número de intervenções «eléctricas» baseadas essencialmente na «presença» do terapeuta podem ser eficazes sem, no entanto, serem psicoterapias. Distinguimos por isso duas ordens de práticas:

1. as intervenções psicoterapêuticas;
2. as psicoterapias *stricto sensu*.

As intervenções psicoterapêuticas (sem enquadramento específico)

Algumas intervenções psicoterapêuticas não podem ser consideradas psicoterapias, tal como as entendemos, na medida em que o enquadramento não o permite. Por comparação, pode acontecer que um cirurgião tenha de intervir fora da sala de operações (campo de batalha, acidente de viação, etc.), mas tal intervenção seria reduzida e pontual, apesar da elevada competência técnica do médico.

O mesmo acontece com a psicoterapia. Na nossa opinião, *sem um enquadramento preciso e bem estruturado, não pode haver psicoterapia!* A inexistência de um enquadramento claro impede o desenvolvimento de um verdadeiro processo terapêutico. Estas «psicoterapias» baseiam-se essencialmente na autoridade médica do terapeuta e não num enquadramento psicoterapêutico específico, a menos que o médico faça uma clivagem na sua prática, isto é, que renuncie a certos actos médicos usuais como, por exemplo, recolha de amostras de sangue, medição da pressão arterial, exames somáticos diversos, etc. podemos comparar as medidas psicoterapêuticos do clínico geral com as intervenções cirúrgicas num campo de batalha: indispensáveis, mas não podendo aspirar à exactidão das terapias que decorrem num enquadramento adequado.

Do mesmo modo, a grande maioria das entrevistas da investigação, embora possam ter efeitos terapêuticos, não podem ser consideradas como psicoterapias.

As psicoterapias propriamente ditas

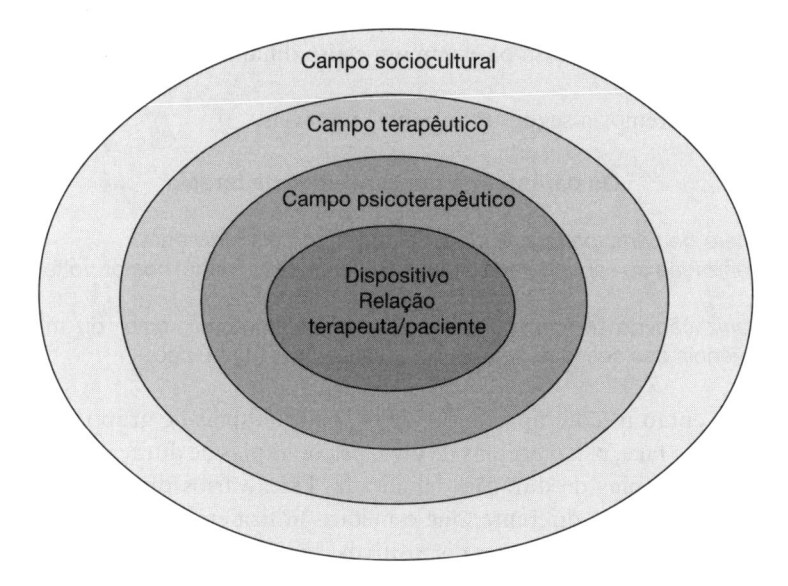

Figura 5.3. O campo psicoterapêutico

Todas as psicoterapias se fundamentam, portanto, num conjunto de regras que definem uma forma específica de relação claramente codificada. A especificidade deste enquadramento está directamente articulada com a teoria de referência do psicoterapeuta: readaptação, reequilíbrio do mundo intrapsíquico, melhoria do bem-estar individual, melhoria do equilíbrio interpessoal. As psicoterapias de inspiração psicanalítica integram esta categoria, mas muitas outras formas de psicoterapias de apoio ou catárticas são, elas também, definidas por um enquadramento mais preciso do que o simples enquadramento clínico.

É, portanto, possível classificar as práticas psicoterapêuticas em função das duas variáveis seguintes, entre as quais existe uma estreita relação lógica: o enquadramento e a teoria. O enquadramento comporta dois aspectos fundamentais: a elaboração de um dispositivo específico e o estabelecimento de uma relação. Quando à teoria, define os objectivos e os meios através dos quais se espera atingi-los.

O dispositivo

Assim sendo, diversas psicoterapias distinguem-se entre si pelo dispositivo que aplicam. Este consiste no conjunto dos parâmetros espácio-temporais fixos de uma cura: *número* de pacientes, *tempo* (frequência da sessões, horário, duração), *espaço* (neutralidade e constância do local, posições relativas do paciente e do terapeuta). Estes parâmetros são constantes e, uma vez iniciado o tratamento, quase invisíveis. Não se volta a falar mais neles. E, no entanto, são a base da terapia e essa base tem um efeito dinâmico considerável sobre a relação terapêutica.

Recapitularemos a seguir as variantes possíveis.

Os parâmetros do dispositivo da terapia

Número de participantes: terapia de grupo; terapia individual.
Organização do espaço: face a face, divã/sofá, lado a lado, costas voltadas, etc.
Organização do tempo: curta duração longa duração, maior ou menor frequência das sessões, terapia de duração limitada ou não.

Temos então psicoterapias individuais, psicoterapias de grupo, psicoterapias em face a face, psicoterapias de divã, psicoterapias de duração não delimitada e psicoterapias de duração delimitada. Estes vários dispositivos geram uma dinâmica muito diferente, que o médico utiliza em função da patologia do paciente. Em cada um destes dispositivos, as regras que codificam a relação psicoterapêutica podem variar.

O estabelecimento da relação baseia-se numa teoria da cura, que, de acordo com o que for aplicado, define um procedimento.

A relação terapêutica

A relação terapêutica diz respeito a tudo quanto se passa entre terapeuta e paciente. Inscreve-se de uma forma dinâmica no enquadramento estabelecido. Afirma-se por vezes que a psicoterapia começa quando o médico passa a utilizar a relação médico/paciente com fins terapêuticos, isto é, quando o médico se serve de si próprio como medicamento do paciente. Mas, como é que isso se passa?

Exemplo

Um sujeito no consultório do terapeuta. Com arrogância, desafia o terapeuta e pergunta-lhe se pode confiar nele e se este promete respeitar o segredo profissional. Afirma conhecer casos em que esse segredo não foi respeitado.

Ora, é indispensável que o terapeuta se comprometa formalmente a nada revelar; caso contrário, não poderá ter confiança nele. Neste momento, o terapeuta confronta-se com sentimentos contraditórios. A reacção «instintiva» talvez fosse responder: «Mas, se tem tão pouca confiança em mim, porque é que está aqui? Deveria ter consultado outro médico qualquer!» procedendo desta maneira, o médico estaria a levar em conta apenas o que era dito, o fenómeno consciente, concreto, manifesto. No entanto, outra atitude é possível, ou seja, não responder logo e interrogar-se sobre o motivo do comportamento do paciente. Por que razão é tão arrogante? Porque desconfia da intervenção do médico? O que é que o impele, sem razão aparente, a mostrar-se tão provocador? Adoptando esta postura, o terapeuta procura compreender as motivações do paciente. Parece-nos ser este o ponto de partida da atitude psicoterapêutica, o momento em que se suspende o acto para começar a reflectir.

Uma relação psicoterapêutica deste tipo basear-se-ia, pois, na abstenção de reacção imediata e no desejo de compreender. De facto, o comportamento que visa substituir o acto pela reflexão é característico das abordagens terapêuticas de inspiração psicanalítica (1976). Penetra-se no espaço psíquico, no sentido do espaço potencial de Winnicott, cria-se condições em que o imaginário tem o seu lugar na relação. A adopção desta postura decorre directamente dos pressupostos teóricos subjacentes.

Teoria, enquadramento, atitude

É desnecessário dizer que um «teórico do comportamento adoptaria uma atitude diferente e que responderia de outra maneira ao paciente. Centrar-se-ia no sintoma manifesto do paciente, menosprezando a problemática psíquica de fundo. O modo relacional escolhido pelo terapeuta está estritamente relacionado com a teoria subjacente.

A relação caracteriza-se por dois parâmetros principais: *o modo de comunicação e os comportamentos recíprocos codificados.*

A comunicação pode ser predominantemente verbal ou não verbal (relaxação, jogo, etc.), passar pelo grito, o corpo, a música, etc. As regras que presidem a esta relação comportam um aspecto ético (direitos e deveres pelos interlocutores), bem como um aspecto técnico (directividade, neutralidade, abstinência, segredo, actividade, passividade, etc.) definem os comportamentos recíprocos, tanto os do terapeuta, como os do paciente (estatuto do terapeuta e estatuto do paciente). Todo estes parâmetros visam definir uma espécie de jogo que distingue a relação terapêutica de uma relação interpessoal convencional.

Notemos que a maior parte das classificações usuais remete para uma teoria mais ou menos desenvolvida do funcionamento psíquico que justifica estas práticas. O destaque da página 80 resume as teorias principais: a aprendizagem, a psicogénese, trauma e ambiente. Para além disso, cada uma delas parte de um modelo de *causalidade*: causalidade linear ou causalidade circular (ver pp. 94-97, capítulo 6; ver também E. Gilliéron, 1989).

```
                    ┌──────────────────────────────┐
                    │  Comportamentos recíprocos   │
                    │  do paciente e do terapeuta  │
                    └──────────────────────────────┘
                       ╱            │           ╲
                      ╱             │            ╲
        ┌──────────────────┐                ┌──────────────────────┐
        │    Estatutos:    │                │ Procedimentos técnicos:│
        │ direitos e deveres│                │   «regras do jogo»   │
        └──────────────────┘                └──────────────────────┘
                    ┌──────────────────────────────┐
                    │     Modo de comunicação      │
                    └──────────────────────────────┘
                       ╱            │           ╲
        ┌──────────┐       ┌──────────────────┐       ┌──────────────────┐
        │  Verbal  │       │ Paraverbal: grito,│       │    Não verbal:   │
        │          │       │   música, etc.   │       │  relaxação, jogo │
        └──────────┘       └──────────────────┘       └──────────────────┘
```

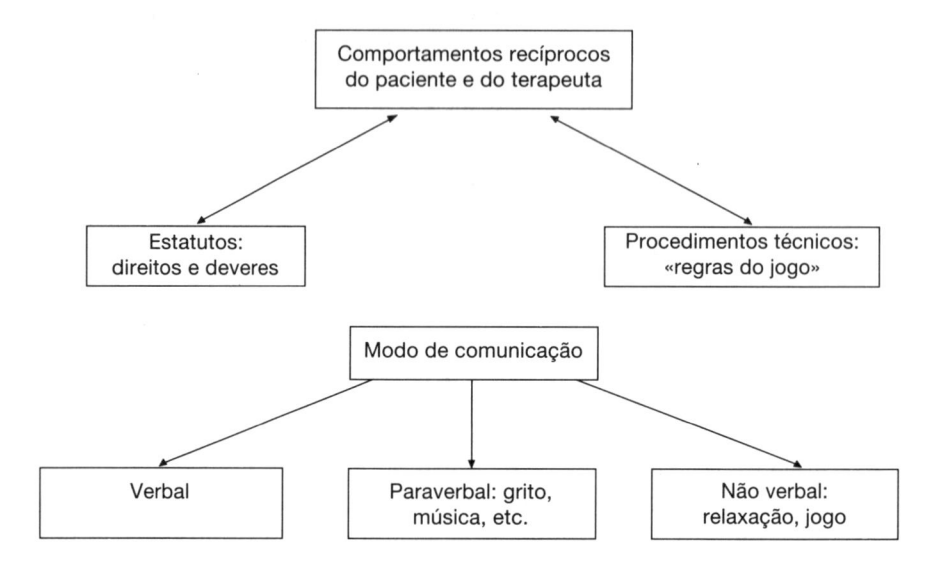

Figura 5.8. Características específicas da relação psicoterapêutica

Cada uma das teorias enumeradas define um objectivo relativamente específico. Muito esquematicamente, poder-se-á afirmar que o comportamentalista tem em vista a eliminação dos sintomas, o psicanalista propõe-se ajudar o sujeito a melhorar a relação que tem consigo próprio, o partidário das teorias traumáticas tenta curar um problema abrindo a ferida e provocando uma descarga emocional, o ambientalista visa melhorar a relação do sujeito com o seu meio espiritual e material.

Nesta perspectiva, a competência do psicoterapeuta poderia ser definida como sendo a capacidade de construir uma relação dinâmica no interior de um enquadramento espacial e temporal dado, em função de objectivos concretos e com base num modelo teórico claro e coerente.

Modelos de causalidade e teorias de referência em psicoterapia

1. *Teorias da aprendizagem (comportamento-cognitivismo)*
   Estas teorias atribuem as perturbações psíquicas a uma aprendizagem deficiente, a uma educação fracassada.

2. *Teoria psicogenética (perturbação do desenvolvimento psicoafectivo)*
   Para estas, é o desenvolvimento do que se chama por vezes «aparelho

psíquico» que está afectado devido essencialmente a acidentes de percurso.

3. *Teorias do traumatismo (grito primal, catarse)*
A perturbação resulta de uma espécie de ferida psicológica não resolvida. O que acarretaria tensões psíquicas insuperáveis.

4. *Teorias «ambientalistas» (morais, sistémicas)*
Estas teorias sustentam que é a relação actual do sujeito com o seu meio que está perturbada. O meio pode ser o da família, mas pode também abranger a sociedade ou a religião.

Para uma metateoria

O psicanalista olhou por vezes com algum desprezo para a questão da eficácia terapêutica. O que importa para ele, à luz da teoria freudiana, é o aprofundamento do conhecimento sobre o funcionamento psíquico. Ora, acontece que este aprofundamento nem sempre é uma garantia de êxito, pois o excesso de pormenores pode prejudicar a visão de conjunto de um fenómeno. Na realidade, tanto em psicoterapia como em qualquer outra ciência, o problema reside na definição do nível de generalização necessário e suficiente para atingir os objectivos visados. Todo o nosso trabalho assenta nesta óptica.

Erudição e profundidade de pensamento

Não é raro os psicoterapeutas – e sobretudo os psicanalistas – confundirem erudição e profundidade de pensamento. São de opinião que, quanto mais vastos forem os conhecimentos do terapeuta, mais brilhante este será. Em seu abono, temos de reconhecer que são encorajados nessa linha pela atitude do próprio pai da psicanálise que, após as suas primeiras experiências técnicas (variações técnicas iniciais), centrou toda a sua atenção na reflexão teórica (metapsicologia). A viragem de 1920 é o exemplo mais surpreendente. Confrontado com os problemas da repetição em psicanálise e com a questão da reacção terapêutica, Freud acabou por construir uma nova teoria do funcionamento psíquico «para além do princípio do prazer» (1989). Fê-lo depois de ter momentaneamente apoiado as experiências da técnica activa de Ferenczi e de ter insistido na necessidade de, no futuro, se «misturar ao ouro puro da psicanálise o cobre da sugestão.»

Hermetismo de uma teoria

Teorizar, em termos psicanalíticos e exclusivamente à luz de conceitos provenientes do domínio psicanalítico, sobre os obstáculos da psicanálise ou sobre o prolongamento da terapia, pode induzir em erro na apreciação das forças em jogo. Com efeito, é com se se partisse do princípio que as dificuldades encontradas só podem ser explicadas por factores «internos» do modelo proposto.

Equivaleria a afirmar, metaforicamente, que o passageiro que acha demasiado moroso o trajecto de comboio Paris-Roma pode solicitar que se acelere este meio de transporte. Então, com vista a aceder ao seu pedido, iríamos analisar a questão dos motores da locomotiva, do atrito dos carris, da resistência do ar, da inércia dos veículos. E conseguiríamos, sem dúvida, reduzir a duração do percurso, aumentando a potência das máquinas, aperfeiçoando o aerodinamismo, melhorando a aderência (por introdução de um giroscópio, por exemplo), ou modificando inclusive a curvatura dos carris. Aprofundaríamos, pois, os nossos conhecimentos sobre a dinâmica da velocidade dos comboios, mas toda essa erudição apenas fornecerá resposta a uma única pergunta: como fazer o trajecto Paris-Roma de comboio o mais depressa possível? O problema manter-se-á: continuaríamos a circular de *comboio* e a sujeitar-nos aos condicionamentos inerentes a este meio de transporte.

Existe, no entanto, outra forma de encarar o problema. Conhecendo os factores que intervêm na velocidade dos comboios, será possível utilizá-los eficazmente e superar os obstáculos que lhes são inerentes a fim de percorrer mais depressa o trajecto e, se possível, com a mesma segurança e conforto que o comboio oferece? Uma das respostas que resultaram desta forma de conceber o problema foi, entre outras, a invenção do avião.

Retomando concretamente a questão que nos preocupa, acontece que o psicanalista se confronta, demasiadas vezes, com a primeira situação. Interroga-se sobre como tratar, pela *psicanálise*, esta ou aquela categoria de pacientes e não sobre como tratar esses mesmos pacientes *à luz dos conhecimentos já adquiridos*, o que corresponderia à segunda forma de questionamento. De facto, é incorrecta a abordagem mais usual e que consiste em acreditar que o aprofundamento dos conhecimentos «no interior» de uma dada área permitirá resolver os problemas que ocorram nessa mesma área.

Uma excelente ilustração do hermetismo ao qual um modelo deste tipo conduz é a questão dos critérios que permitem determinar se um dado tratamento é eficaz ou não, nomeadamente, o critério da duração, problema fulcral da problemática das psicoterapias breves.

No início deste capítulo, salientámos que um grande número de tratamentos psicológicos terminavam precocemente e que a duração média das terapias psicológicas, calculada sobre o total dos pacientes que recorrem à consulta, era muito curta. O que significa que, na realidade, todos os psicoterapeutas fazem psicoterapias breves, embora sem o confessarem ou mesmo sem se aperceberem disso.

Com efeito, a maior parte das terapias interrompidas precocemente são terminadas pelo paciente sem o acordo do psicoterapeuta, que as considera como um *insucesso*, uma vez que põem em causa a sua competência. Nem sempre é este o caso, como é evidente, mas o facto merece reflexão na medida em que o psicoterapeuta, à luz dos seus pressupostos teóricos de referência e dos objectivos que estipula, mede a sua eficácia pela capacidade que tem de conservar um paciente em tratamento, o que não corresponde às expectativas do paciente que, pelo contrário e de acordo com o seu próprio ponto de vista, gostaria que a terapia fosse breve ou, no mínimo, eficaz.

Em caso de interrupção, é o paciente que impõe a sua lei e o psicoterapeuta fica então com a sensação de não ter terminado o trabalho. Todavia, os critérios de eficácia não são nada fáceis de definir e variam consoante as abordagens teóricas (poder-se-ia por vezes dizer «ideológicas») do psicoterapeuta. O psicanalista avaliará a eficácia com base no aumento do *insight* do paciente (melhoria da compreensão de si próprio); o comportamentalista fá-lo-á sobretudo em função do desaparecimento dos sintomas. Mas será que estes critérios são suficientes para definir o êxito ou o fracasso? O psicanalista poderá ter obtido o que pretendia, ou seja, a tomada de consciência do paciente; o comportamentalista poderá ter conseguido o que se propunha, o desaparecimento dos sintomas. Mas, qual será a opinião do paciente?

De facto, o paciente tem uma palavra a dizer, uma vez que é ele que formula o pedido de ajuda, mesmo nos casos em que a consulta é mais motivada pelo sofrimento dos familiares do que pelo seu. O terapeuta deve limitar-se ao que lhe é pedido pelo paciente e se este último não vir necessidade de ir mais além, por que razão iria interpretar tal facto como um fracasso pessoal? Não deveria então adoptar, em relação ao paciente, uma atitude mais modesta e confiar na sua capacidade de decisão, não sem antes lhe ter aberto o caminho para uma mudança mais profunda? É por esta razão que pensamos que a teoria de referência do terapeuta deveria levar em linha de conta o pedido do paciente, o que M. Balint demonstrou há já muito tempo (1960). É por isso também que o modelo teórico ao qual nos referimos está condicionado pela análise das relações entre a expectativa (o pedido) do paciente e a oferta (a resposta) do terapeuta.

Romper o hermetismo

No seu trabalho com os clínicos gerais, M. Balint debruçou-se sobre a questão do pedido do paciente por considerar que os sintomas que levavam este último a recorrer ao terapeuta comportavam um aspecto *manifesto* (consciente) e outro *latente* (inconsciente). Reportava-se, obviamente, à primeira tópica freudiana e à histeria, mas continuava «fechado» no enquadramento psicanalítico.

Nós encarámos o problema de maneira diferente. Pensamos que é analisando do exterior a relação que se estabelece entre terapeuta e paciente e focando a atenção no comportamento de ambos que se consegue romper o hermetismo. As inúmeras gravações em vídeo que fizemos das sessões psiquiátricas ou psicoterapêuticas agradaram-nos muito. Não gravámos qualquer sessão psicanalítica no divã; no entanto, a comparação de vários dispositivos terapêuticos (grupo artificial, família, sessão «individual») permitiu a extrapolação das nossas observações para a situação psicanalítica.

A relação existente entre paciente e terapeuta pode considerar-se um sistema no qual o paciente «troca» as suas dificuldades pelos cuidados do terapeuta. Neste sistema de troca, analisar-se-á portanto a dinâmica criada pelo pedido e suscitada pela resposta. Por exemplo, quando um paciente pede que o curem dos seus sintomas e o terapeuta responde com uma interpretação psicanalítica, a dinâmica desencadeada é diferente da que resulta da situação em que o terapeuta responde com a prescrição de um fármaco. É uma verdade à La Palisse, mas a lógica da evidência é de extrema utilidade neste género de trabalho.

Um olhar deste tipo não é pois «puramente» psicanalítico, mas incide sobre a actividade psicanalítica: trata-se de um olhar sistémico sobre a actividade psicanalítica. Com efeito, sempre nos interessámos pelas ligações existentes entre estas duas teorias e foi assim que nos apercebemos de que era possível considerar a cura psicanalítica um processo condicionado por uma *forma específica de relação dinâmica, no interior de um dado enquadramento*.

Assim, elevamo-nos a um nível superior de abstracção: não nos interrogamos sobre *o que fazer* com este ou aquele paciente ou sobre *que técnica* o terapeuta deve aplicar ao paciente, mas observamos uma situação relacional entre terapeuta e paciente e consideramos *o conjunto dos dois interlocutores*. E colocamo-nos perante a seguinte alternativa: que aconteceria se o psicoterapeuta fizesse ou dissesse isto ou aquilo ou, pelo contrário, se não o fizesse ou não dissesse? O que é uma forma de opor a actividade à suposta passividade e, sobretudo, uma maneira de avaliar o efeito e o contributo que podem fornecer a uma dada teoria (à psicanálise) um modelo teórico diferente (sistémico) e a sua aplicação na relação interpessoal. A partir desse momento, seria possível comparar as diferentes dinâmicas relacionais condicionadas por dispositivos diferentes, estudo que permitiria melhorar simultaneamente a nossa precisão diagnóstica e a eficácia terapêutica.

Para uma metateoria

Não nos apercebemos, de imediato, que, ao analisar as coisas deste ângulo, nos reportávamos a uma teoria das teorias, a uma metateoria que se baseava na análise das *relações existentes entre diversas teorias*, isto é, na identificação das semelhanças e diferenças entre vários modelos. Foi aliás esse o percurso que seguimos até este capítulo.

O ponto de partida da reflexão que nos conduziu à elaboração desta metateoria está associado às condições da nossa formação. Trabalhávamos num serviço de orientação psicanalítica, fazíamos a nossa psicanálise pessoal, mas por interesse e sob a influência de um chefe altamente competente, Luc Kaufmann, fomos impelidos a estudar as comunicações interpessoais no seio das famílias padecendo de diversas psicopatologias (1971; 1985).

A interrogação central que nos pusemos foi a seguinte: que é a afinidade existente entre a prática psicanalítica e a sistémica? A resposta foi-se tornando cada vez mais evidente. Qualquer delas se baseia numa forma de *relação com fins terapêuticos*. Havia, portanto, que elaborar uma teoria da relação terapeuta e da mudança, teoria essa que explicaria o que se passa nas relações interpessoais e no mundo intrapsíquico individual.

O nosso raciocínio foi o seguinte: como as mudanças psíquicas no seu conjunto são fruto de uma relação terapêutica, é provável que alguns dos resultados obtidos quer pelos terapeutas sistémicos quer pelos psicanalistas sejam idênticos, o que os profissionais de ambas as correntes ignoram. A explicação deste fenómeno reside no facto de os sistémicos olharem para os resultados com olhos de sistémicos e os psicanalistas os verem com olhos de psicanalistas, enquanto um observador exterior poderia facilmente concluir tratar-se do mesmo resultado. A partir desta verificação, podemos perguntar-nos o que representa, para o psicanalista, a mudança obtida pelo sistémico e o que representa, para o sistémico, a mudança obtida pelo psicanalista. Apercebemo-nos então rapidamente que havia um conceito em que psicanalistas e sistémicos pareciam estar de acordo, o da repetição. Outros autores abordaram já esta questão, como por exemplo J. Vincent (1983).

Na repetição na transferência trata-se, de facto, de algo que se repete numa relação. Os sistémicos descrevem *patterns* repetitivos que definem as regras observadas nas famílias e, pelo seu lado, os psicanalistas descrevem a repetição, ocorrida na situação psicanalítica e na transferência como algo proveniente do passado do sujeito. Além disso, descrevem a repetição, ao longo da vida de um sujeito, de alguns comportamentos aparentemente irracionais que, de acordo com a segunda teoria freudiana, estariam relacionados com a «compulsão à repetição». A questão residia em saber se o que era repetido na transferência tinha alguma coisa a ver com os *patterns* repetitivos dos sistémicos, tema que desenvolveremos no capítulo seguinte. Por outro lado, a noção de repetição está directamente articulada com a da mudança. Também neste ponto, psicanalistas e sistémicos estariam de acordo. Com efeito, uns e outros interessam-se pela mudança enquanto «não repetição». Para descrever este tipo de mudança, alguns sistémicos, por influência de G. Bateson, recorreram à teoria dos «tipos lógicos» (Watzlawick et al., 1975). Por seu lado, os psicanalistas, no seguimento de J. Strachey, falam de «interpretação mutativa» e «perlaboração». Isto leva a que nos interroguemos quer sobre a natureza das interpretações mutativas (as que suscitam a «não repetição») quer das interpretações que favorecem a perlaboração, mas que se inscrevem na repetição. Voltaremos a este assunto no capítulo 11, páginas 162-165.

Avançámos, portanto, a hipótese geral segundo a qual o aprofundamento destas questões contribuiria para a nossa eficácia e, consequentemente, pouparia tempo. A nossa reflexão levou-nos a postular que a *actividade do pensamento* é muito mais eficaz do que o *agir terapêutico*. Se traduzirmos isto em termos de psicoterapias de curta ou longa duração, significa que pensamos que as noções de «confrontação, actividade, negligência ou atenção selectivas e educação» não são exclusivamente específicas das psicoterapias breves. Diremos antes que há situações nas quais convém confrontar activamente o paciente com as suas resistências, confrontação que terá como efeito reduzir a duração da terapia; mas que outras situações há em que a técnica de confrontação prolongará a cura.

Por conseguinte, a nossa tarefa não consiste em utilizar uma técnica de confrontação com todos os pacientes que poderiam beneficiar dela, mas antes em saber quando será útil recorrer a essa confrontação e quando, pelo contrário, renunciar a ela será benéfico.

Procedendo assim, observamos pois o que faz o terapeuta em função da sua teoria e como reage o paciente quando esta teoria lhe é aplicada. Aceitá-la-á ou recusá-la-á? Isto porque o paciente tem, também, um ponto de vista a propor ao psicoterapeuta.

A questão principal é a seguinte: o que é que leva o paciente a aceitar mudar ou o que é o impele de mudar? Foi ao tentar responder a esta segunda interrogação, ou seja, ao tentar descobrir o que origina a repetição e a não repetição, que chegámos à ideia central de mentalização. Veremos nos capítulos que se seguem como são aplicados estes princípios.

Resumo

Levantámos algumas questões...
- Que papel desempenha a teoria de referência numa relação? Nomeadamente, qual a vantagem do raciocínio psicanalítico em relação ao comportamentalista?
- Qual o papel do dispositivo num processo terapêutico?
- Qual o efeito, numa relação terapêutica, de uma alteração no dispositivo?

- Qual o efeito, numa relação, de se raciocinar em termos de transferência e de contratransferência?
- Que acontece, numa relação terapêutica, quando se responde com uma interpretação aos comportamentos do paciente?
- Quais as formas de interpretação susceptíveis de conduzir à mudança e que tipos de mudanças podem ser observados numa relação terapêutica?

As técnicas das psicoterapias breves que propomos destinam-se, de uma forma geral, à globalidade dos pacientes que recorrem a um serviço de psiquiatria ambulatória e baseiam-se nalguns procedimentos susceptíveis de melhorar a eficácia dos tratamentos e de reduzir a sua duração. A técnica pode variar de caso para caso, mas mantém-se o modelo teórico de referência, isto é, a psicanálise. Este modelo encontra-se resumido na nossa obra sobre a primeira sessão de psicoterapia (1996). Do ponto de vista dinâmico, estas técnicas baseiam-se na função do enquadramento nos processos psíquicos, bem como no estudo da especificidade das manifestações transferenciais em função das organizações de personalidade.

6 | AS PSICOTERAPIAS BREVES EM LAUSANA

Vimos que, na área das psicoterapias breves, todos os autores se inspiravam, com maior ou menor êxito, na técnica activa de Ferenczi cujo objectivo era o de facilitar a acção do psicanalista e de acelerar a cura psicanalítica, aumentando a angústia do paciente.

Para Ferenczi, a actividade do psicanalista desempenhava um papel importante e as suas propostas punham em questão o modelo psicanalítico instituído por Freud, na medida em que o psicanalista abandonava a sua posição neutra para se comportar como um membro activo da relação terapêutica. O psicanalista deixava pois de ser o simples espelho das projecções do paciente e passava a desempenhar um papel activo na relação terapêutica.

Na psicoterapia breve, a tendência é a de se aplicar os princípios de Ferenczi, princípios esses aos quais se vem somar, para além do cunho mais ou menos pessoal de cada um (aspecto técnico mais específico, teoria particular, etc.), uma proposta suplementar fundamental, a *focalização*. Como vimos, a focalização é uma maneira de fazer emergir um problema psicológico central e o tratar exclusivamente, o que deveria simplificar a cura e permitir que esta fosse abreviada. É comum pensar-se que este método se adequa apenas a algumas formas específicas de psicopatologia, aos conflitos edipianos (P. Sifneos), às perturbações graves de carácter (H. Davanloo), a alguns tipos de personalidade *borderline* (Leibovich, 1981), a conflitos circunscritos (D. Malan), etc.

No que nos diz respeito, após termos estudado os trabalhos dos diferentes investigadores neste domínio, desenvolvemos a nossa própria concepção, analisando antes de mais a influência do enquadramento no desenrolar de uma psicoterapia. Esta posição, de natureza experimental, permitiu-nos desenvolver uma forma original de psicoterapia breve, de inspiração psicanalítica quanto à técnica (atitude neutra, associações livres, atenção flutuante) e aos critérios da selecção (flexíveis), mas que contemplava as modificações contextuais (face a face, delimitação temporal), produzindo estas últimas efeitos significativos sobre os processo transferenciais e contratransferenciais. Esta forma de psicoterapia breve fundamenta-se num estudo pormenorizado das interacções entre o paciente e o terapeuta. Pudemos verificar assim que não era necessário identificarmos o foco, pois o paciente encarregava-se disso espontaneamente.

Em nossa opinião, qualquer psicoterapia deve comportar duas fases fundamentais: a *investigação*, durante a qual são avaliadas as motivações do paciente, e a *psicoterapia* propriamente dita (ou qualquer outra forma de tratamento psiquiátrico), que deveria permitir ao paciente a reorganização do seu sistema de defesas e das relações afectivas. Estas duas fases são susceptíveis de produzir efeitos terapêuticos, mas isto através de meios diferentes, uma vez que cada uma delas implica uma dinâmica própria diferente que, por conseguinte, deverá ser utilizada adequadamente.

A primeira fase, a da *investigação psicodinâmica breve* (IPB), poderá revestir-se de valor terapêutico e produzir efeitos dessa ordem, porque permite ao paciente aperceber-se que uma grande parte das suas angústias provém de um problema intra-subjectivo. Há, nesta fase, pacientes que recusam tomar consciência mas também outros que ficam satisfeitos com essa simples descoberta e que obtêm os benefícios esperados. Em ambas as situações, seria inútil prosseguir, uma vez que qualquer trabalho psicoterapêutico suplementar teria como efeito provocar uma reacção de resistência. Parece preferível a interrupção, devendo manter-se aberta a possibilidade de uma posterior consulta baseada num pedido mais claramente motivado.

A segunda fase, a da *psicoterapia breve de inspiração psicanalítica* propriamente dita, destinar-se-á aos pacientes que tenham dado sinais inequívocos de interesse na descoberta de si próprios. Quanto aos pacientes mais frágeis, pensar-se-á noutras formas de tratamento, sempre à luz dos princípios psicodinâmicos, como, por exemplo, a aplicação de tratamentos conjuntos.

Foram realizados vários estudos, quer sobre a IPB quer sobre as psicoterapias breves de inspiração psicanalítica. No tocante à IPB, as pesquisas demonstram que, a curto prazo, o efeito mais significativo deste método de terapia parece ser o reduzidíssimo número de interrupções precoces do tratamento. Este método permite ao paciente compreender melhor a problemática que o levou à consulta e abre o caminho à psicoterapia. Num período mais alargado, verifica-se também que as mudanças obtidas ao longo das quatro primeiras sessões são estáveis. Em mais de metade dos pacientes que concluíram o tratamento em quatro sessões verificava-se, dois anos depois, uma melhoria das relações interpessoais. Parece não haver dúvida de que interpretação inicial dos sintomas é o principal motor dessas mudanças (Bryois-Hanic, 1994; Weggmann-Cogliati, n. p.). as investigações que, pela nossa parte, realizámos sobre os efeitos das psicoterapias de curta e de longa duração demonstraram que os resultados destas duas técnicas são comparáveis (Bovet *et al.*, 1980; Gilliéron *et al.*, 1980; 1983; 1987).

As noções fundamentais sobre as quais assenta a técnica proposta são as de enquadramento psicoterapêutico, de interacção e de relação terapêutica, noções estas que, por sua vez, deram origem ao conceito de «duplo apoio do funcionamento psíquico» (Gilliéron, 1996).

A investigação psicodinâmica breve baseia-se num modelo rigoroso de quatro sessões e na formulação de uma hipótese psicodinâmica que põe em evidência quer as motivações que levaram o paciente à consulta quer a mudança psíquica que deveria ocorrer para que o paciente superasse a crise que atravessa. No capítulo 10, recordaremos os princípios essenciais.

Quanto à psicoterapia psicanalítica breve, os seus princípios não sofreram alteração desde 1970. É tida como uma forma de psicanálise em qualquer situação de face a face. Adoptámos, com efeito, os princípios freudianos, mas de acordo com um dispositivo novo, baseado na delimitação da duração e na frequência das sessões de psicoterapia, assim como no face a face; e analisámos as resistências específicas decorrentes desse novo dispositivo. Assim sendo, ao substituirmos a actividade mental do terapeuta pelo seu agir, seguimos o mesmo caminho de Freud. Contudo, o modelo de referência é complexo na medida em que se baseia na análise da relação entre interacções (relação com o objecto real) e fantasmas (relações com objectos internos). Os princípios básicos são os seguintes:

1. Dispositivo temporal:
   - delimitação precisa da duração (entre três meses e um ano);
   - frequência (uma a duas sessões semanais).

2. Dispositivo espacial: face a face.

3. Regras:
   - neutralidade e abstinência do terapeuta;
   - associações livres;
   - análise das resistências e do conteúdo das associações, tendo em conta as interacções paciente/terapeuta.

Dissemos várias vezes que, na psicoterapia breve de inspiração psicanalítica, o processo psicoterapêutico não difere em nada do processo psicanalítico clássico, conquanto sejam respeitados os princípios que acabámos de enumerar. É o enquadramento que acelera o processo. No entanto, algumas manifestações resistenciais são mais específicas da psicoterapia breve do que da psicanálise *stricto sensu*.

Estas manifestações específicas apenas emergirão se alargarmos o campo de observação para lá do simples discurso do paciente. Há que ter em linha de conta o sistema de interacção que se estabelece entre paciente a favor de uma óptica de causalidade circular e homeostática. Dois exemplos ilustram este ponto de vista: o primeiro mostrará a vantagem de exceder os limites do campo do discurso; o segundo, o interesse da óptica homeostática.

O enquadramento e os seus escolhos

Como várias vezes frisámos, a função do enquadramento é abrir caminho à actividade terapêutica e permitir o desenvolvimento de um processo psicoterapêutico.

No entanto, este enquadramento pode comportar alguns inconvenientes que têm a ver com as personalidades a tratar. No entanto, se conhecermos os escolhos inerentes ao enquadramento, poderemos utilizá-los para fazer progredir o tratamento. O que significa que é totalmente ilusório pensar ser possível recorrer ao mesmo enquadramento para todos os pacientes que acolhemos, no caso de pretendermos realizar um trabalho psicanalítico. Não pode de forma alguma confundir-se a abordagem psicanalítica com o enquadramento psicanalítico clássico.

Qualquer fronteira tem os seus contrabandistas e são inúmeros os autores que demonstraram como alguns pacientes utilizam o enquadramento analítico de forma «perversa». Citemos o exemplo da obediência total à regra fundamental (total liberdade de associação) que se pode tornar a pior das resistências ao processo. Também a rigorosa observância da regra de «não agir» durante a psicanálise pode ser posta pelo paciente ao serviço da clivagem defensiva do objecto: só o analista e a situação psicanalítica são válidos, o resto do mundo não presta. E, ainda, aqueles que aceitam deliciados todas as interpretações que lhes são apresentadas: «Tem razão, dizem, é exactamente isso; aliás, lembra-me o que se passou comigo há uns dias atrás.» O analista surpreender-se-á com a facilidade com que a sua interpretação é aceite. E responde o paciente: «É bem verdade, sempre me disseram que eu era demasiado submisso» e por aí fora!

Podemos concluir, portanto, que o enquadramento tanto pode facilitar como dificultar a cura. A arte do psicoterapeuta está na sua capacidade de analisar aquilo a que chamamos os «efeitos do esquecimento», de forma a poder tirar proveito deles e vencer as dificuldade que os paciente podem criar-lhe.

EXEMPLO 1

Este exemplo ilustra uma primeira sessão com uma jovem de 22 anos que, concluída a fase de investigação, revelou uma «neurose de carácter» (E. Kestenberg).

O médico de família desta jovem encaminha-a para o socioterapeuta, com uma carta de recomendação em que diz o seguinte: «Esta jovem é minha paciente há alguns anos. Apresenta, há já muito tempo, crises de choro que alternam com crises de raiva que não é capaz de controlar. Sente-se incompreendida pelos pais, irmã e namorado. Já a encaminhei para um outro psicoterapeuta, mas o resultado foi nulo. Os exames somáticos nada revelam mas, como a paciente sofre de fortes dores de cabeças antes do período menstrual, propus-lhe que deixasse de tomar contraceptivos. Esta medida também não surtiu efeito.»

O psicoterapeuta inicia a sessão nos seguintes termos: «O seu médico assistente deu-me algumas indicações a seu respeito, mas penso que talvez seja preferível você mesmas dizer-me o que se passa.»

Ao agir desta maneira, o psicoterapeuta procura respeitar a norma psicanalítica habitual, que consiste em demonstrar que o importante não é o que os outros dizem, mas sim, o que o paciente vive subjectivamente. Está assim a tentar *delimitar* o campo de discurso, isto é, o mundo intra-subjectivo da paciente.

No entanto, não se dá conta de que, ao agir assim, está a provocar uma *ruptura na relação existente entre a paciente e o seu médico assistente.*

É como se dissesse: «Esqueçamos o que o seu médico pensa de si ou a forma como a tratou; pensemos apenas em nós!»

O futuro da relação terapêutica dependerá fortemente do significado que a paciente atribuir a este corte. Se for dotada de autonomia suficiente, se souber distinguir claramente a sua vida psíquica da relacional, numa palavra, se a sua estrutura for manifestamente neurótica, interpretará a atitude do terapeuta como uma *oportunidade que lhe é oferecida para falar de si própria.*

Mas se, pelo contrário, a organização da sua personalidade comportar um aspecto «anaclítico», ou seja, se a paciente tiver a tendência para *viver os seus problemas na relação com os outros*, interpretará a atitude do terapeuta como sendo uma manobra para a monopolizar. Alimentará o sentimento inconsciente de que o terapeuta a quer «só para ele» e que quer ser o único a tratar dela. Neste caso, passará a ser o objecto de um conflito entre o seu médico e o novo terapeuta e, por conseguinte, ficará na expectativa de que o psicoterapeuta consiga melhores resultados que o médico anterior. Formar-se-á então o triângulo interactivo entre médico assistente, paciente e psicoterapeuta. Neste triângulo, predominará o agir em detrimento da reflexão, o que prejudicará a perlaboração. Uma relação deste tipo pode estabelecer-se sempre que estejamos perante uma problemática de carácter (neurose de carácter, *borderline case*, pré-psicótica, etc.). No caso desta paciente, este risco poderia ter sido evitado sem grande dificuldade se o psicoterapeuta tivesse apresentado as coisas de outra maneira: «O seu médico assistente deu-me algumas indicações a seu respeito. Disse-me que sofre de crises do choro e, às vezes, de raiva, que você se sente incompreendida por [...]. Quer falar-me sobre o assunto?» Ao adoptar esta atitude, o psicoterapeuta está a alargar o âmbito da discussão, sem se restringir unicamente ao campo psíquico da paciente, mas antes integrando a relação existente entre ela e o médico assistente. Com este simples procedimento, a paciente é levada a tomar a iniciativa de comentar aquela relação e, automaticamente, de se revelar, sem implicar directamente o psicoterapeuta.

Importa para nós, neste estádio, insistir sobre o facto de que a segunda atitude proposta implica o alargamento do campo de investigação e não se contenta com o discurso que diz exclusivamente respeito à vida intrapsíquica da paciente, sem atender à sua vida relacional. Paradoxalmente, este alargamento, pretendido pelo psicoterapeuta, restabelece o enquadramento analítico uma vez que obriga a paciente a exprimir-se sobre a relação e, por conseguinte, a revelar a sua maneira de encarar as relações interpessoais, isto é, a sua subjectividade. Parece-nos de toda a conveniência salientar o facto de que, se quisermos manter um «clima psicanalítico», é necessário ter a capacidade de compreender os efeitos que o enquadramento tem sobre o funcionamento psíquico.

Causalidade linear, causalidade circular

O segundo exemplo ilustra a problemática da causalidade.

EXEMPLO 2

Trata-se de uma mulher que se apresenta à consulta após doze anos de um casamento infeliz e que está na iminência de se divorciar. Diz-se esgotada pelo seu conflito, deprimida porque o marido pretende tirar-lhe a filha. Foi encaminhada pelo médico de família, que consultara por diversas queixas somáticas (palpitações, sensação de opressão, vertigens, vómitos ocasionais, etc.). Este apercebera-se do seu estado depressivo e atribuíra-o ao conflito conjugal.
Nesta primeira sessão, a paciente diz ir à consulta por sugestão do seu advogado e também pelo seu médico assistente para ficar mais tranquila sobre o seu estado psíquico porque, segundo diz, não se sente doente psiquicamente, mas o marido pretende utilizar esse argumento para lhe tirar a filha. Admite, no entanto, estar deprimida.
Numa situação destas, como deverá proceder o médico? O primeiro passo será o de identificar a etiologia dos problemas da paciente, isto é, procurar a causa das eventuais perturbações. Nesta investigação, poderá optar por duas atitudes.
1. Considerar o estado da paciente como sendo o resultado de um «traumatismo psíquico». E, neste caso, da atitude do marido. Teremos então uma *depressão reactiva*, ou seja, a paciente reage ao conflito conjugal.
2. Considera o estado da paciente como sendo o resultado de um «desequilíbrio psicológico» provocado por um dado acontecimento, neste caso, a perspectiva da separação. A depressão da paciente será então o resultado da ruptura do equilíbrio conjugal previamente estabelecido.

A óptica traumática linear
Se o médico optar pelo ponto de vista «reactivo», virar-se-á para as várias perturbações psíquicas e psicológicas (depressão) da paciente. Tentará

então descobrir eventuais lesões somáticas ou, se estas não existirem, as eventuais causas psíquicas das queixas somáticas. O traumatismo causador das perturbações da paciente poderá, pois, ter sobrevindo a uma lesão, a uma infecção ou ser de origem psicológica.
No caso desta paciente, o médico e o advogado deduziram das suas queixas que o estado depressivo e as diversas perturbações somáticas eram «provocados» pelo marido. Foi por essa razão que acharam conveniente protegê-la, dizendo que, se não fosse o conflito conjugal, ela estaria normal. Nesta óptica, a personalidade é vista como um todo quase anatómico, todo esse que funciona normalmente na ausência de um choque emocional qualquer. Falar-se-á então de reacção depressiva, por exemplo, ou de reacção psicossomática, pressupondo-se que a paciente reage mediante essas perturbações a um traumatismo psicológico.
Para fazer uma descrição destas, recorre-se ao modelo causalista linear, que consiste em considerar: *a)* que a atitude do marido provoca, *b)* a reacção depressiva da mulher, que a exprime *c)* pelas perturbações psíquicas e somáticas e que decide *d)* consultar o médico.
Quanto ao médico, faz o percurso inverso para encontrar a causa *a)*.
Concluirá então que, se suprimir o problema *a)*, a paciente ficará bem. Daí, a primeira conclusão, deduzida de acordo com o modelo: a atitude do marido é a «causa» dos problemas da paciente. Afirmação de que, como é óbvio, o marido de defenderá.
O psicanalista ou o psicoterapeuta são susceptíveis de adoptar uma atitude completamente coincidente com a do médico somático ou a do psicofarmacologista. Basta que se interroguem sobre «o que significa», para a paciente, perder o seu marido. Interpretarão, também eles, a depressão como reacção a uma perda, à perda do marido. E por associação, virá também a interrogação sobre o que representaria o marido para esta paciente. E, de associação em associação, passar-se-á pela representação de uma personagem idealizada ou detestada, para se chegar, por fim, à figura paterna. Seja como for, a óptica mantém-se: a paciente *perdeu* alguém, seja o marido seja o pai interiorizado.
Influenciados pela nossa formação sistémica e inspirando-nos na teoria da comunicação, chegámos a outro ponto de vista que, a nosso ver, não diverge em nada da maioria das descobertas psicanalíticas. Pensamos que uma depressão como a desta paciente resulta da *mudança* causada pela ruptura do equilíbrio relacional anteriormente estabelecido entre marido e mulher. Esta mudança obriga a paciente a alterar o sistema de valores sobre o qual assenta o seu equilíbrio intrapsíquico.

A óptica homeostática: a crise, o desequilíbrio psíquico
A óptica causalista linear é com frequência válida em medicina e em psiquiatria mas, muitas vezes, também não é aplicável. No exemplo descrito, afigura-se mesmo errada.
Sabemos que a personalidade se alicerça num equilíbrio que implica aspectos somáticos, psicológicos e relacionais. Ao abordarmos a questão do apoio relacional do psiquismo, examinaremos agora mais particularmente as relações entre o equilíbrio psíquico e o equilíbrio relacional. Foi com essa

finalidade que desenvolvemos a noção de apoio objectal do funcionamento psíquico, noção que podemos resumir dizendo que o Homem precisa dos outros para manter o seu equilíbrio psíquico.
A forma como os vínculos entre os indivíduos se estabelecem é bastante complexa e não nos alongaremos aqui sobre o assunto. No entanto, para ilustrar um pouco melhor esta questão, fundamentar-nos-emos na noção muito útil de «repetição», estudada em primeiro lugar pelos psicanalistas (compulsão à repetição) e, depois, pelos terapeutas familiares («*patterns*» *repetitivos*). Com efeito, uma das formas de salientar a importância que os vínculos com os outros têm na preservação do equilíbrio psíquico consiste em analisar a maneira como as pessoas se relacionam umas com as outras. O que se verifica então é a tendência para constantemente *reproduzirem* o mesmo tipo de relação. É frequente, por exemplo, uma pessoa divorciada ter, sem se aperceber, a tendência de voltar a casar com uma pessoa cujo carácter é muito semelhante ao do primeiro cônjuge. É muito comum também os sujeitos terem tendências para estabelecer, na vida quotidiana, o mesmo género de relações que mantinham com os pais.
Para melhor entender o estabelecimento destes *patterns* repetitivos, temos de recorrer a um modelo que não o *causalista linear*, o modelo de causalidade circular. Este modelo permite compreender o facto de que um sujeito A possa, pelo seu comportamento, influenciar o objecto B que, por sua vez, vai influenciar pelo seu comportamento o sujeito A. Assim se estabelece um equilíbrio relacional, equilíbrio *dinâmico* em que cada um influencia o outro, em que cada um se apoia no outro, ou seja, aquilo a que chamamos *apoio objectal*. Uma ocorrência externa, de ordem social (por exemplo, desemprego, reforma, etc.) ou uma doença, pode abalar o sistema. Da mesma forma, uma ocorrência interna (fase de maturação, por exemplo) pode produzir o mesmo efeito.
Se voltarmos ao exemplo da paciente em conflito conjugal e se reexaminarmos a situação à luz deste segundo modelo, teremos então de raciocinar em termos de apoio, de equilíbrio interpessoal. Começaremos então por formular a hipótese de que a paciente, em virtude do seu carácter e para manter o seu equilíbrio psicológico, precisava de escolher um marido como aquele. Assim sendo, algo a aproximou do futuro marido e ambos se encontraram. Este vínculo funcionou razoavelmente durante alguns anos mas, após determinado acontecimento, eclodiu uma crise que levou a paciente a desejar a separação (neste caso, tudo leva a crer que foi o processo de maturação da filha que precipitou os acontecimentos. Com efeito, o conflito agravou-se consideravelmente logo após o primeiro período menstrual da filha).
A paciente deduziu deste primeiro factor desencadeador da crise que o seu vínculo conjugal já não tinha valor e que queria a separação. Contudo, se admitirmos que ela precisava daquele marido para manter o equilíbrio psicológico, é evidente que as conclusões do médico serão muito diferentes daquelas a que chegara à luz do modelo causalista linear. A reacção psicológica (depressão e perturbações funcionais) da paciente será interpretada, não como o resultado da atitude nefasta do marido, mas sim como uma reacção *à perspectiva de se separar dele*. Ao separar-se, a paciente corre o

risco de ficar sem o apoio (ancoragem objectal) de que precisa. Por conseguinte, o que ela teme não é o marido, mas a ideia de se separar dele e de se privar do apoio que tinha no passado. Este segundo modelo leva-nos, pois, a conclusões diametralmente opostas do precedente. A paciente reage ao facto de *perder o inimigo de que necessita*. Por outro lado, o factor desencadeador não é a perspectiva do divórcio, mas sim a puberdade da filha.

A experiência prova-nos que este modelo de causalidade circular e homeostática é o mais adequado para a maior parte dos conflitos interpessoais.

No exemplo citado, a noção de repetição á bastante evidente, uma vez que pai e marido são descritos exactamente nos mesmos termos. Poder-se-á dizer que a paciente estabeleceu com o marido vínculos idênticos aos que tinha com o pai.

Do ponto de vista terapêutico, o médico não deverá tentar *tratar* a depressão da paciente, mas fazer-lhe ver o quanto teme *mudar* (de objecto). No momento em que decide mudar, é invadida por um sentimento de perda, de vazio, porque nunca aprendeu o que era uma boa relação com um homem. A prática demonstra que essa atitude terapêutica é muito mais produtiva, na medida em que a mensagem transmitida à paciente vai ao encontro do que ela vive intensamente. Trata-se, com efeito, de uma interpretação, noção esta que nos permite, para concluir, levantar a questão da mudança psíquica.

Cronicidade e mudança

A noção de homeostasia utilizada no exemplo anterior ajuda a entender a oposição entre cronicidade e mudança.

Os teóricos do sistema colocaram em evidência a presença de *patterns* repetitivos nas famílias que observavam. Essas repetições definiam as regras que condicionavam o seu equilíbrio. A sua função é, pois, manter uma certa homeostasia.

Fizemos também notar a ligação existente entre o nível homeostático de relação (relação conjugal) e o equilíbrio psíquico do indivíduo (a esposa infeliz). Em suma, a estabilidade psíquica de um sujeito parece depender do contributo do seu círculo próximo. Chamámos apoio objectal à função equilibradora que esse círculo tem para o sujeito. Pensamos que há, em cada um de nós, uma parte de cronicidade e algumas capacidades de mudança, conquanto se admita uma certa equivalência entre estabilidade e cronicidade. A cronicidade traduz-se pela repetição de esquemas comportamentais nas relações com o meio, a mudança, pela faculdade de inventar novos comportamentos. Note-se que uma mudança semelhante é sempre precedida por uma crise.

Na nossa opinião, a mudança passa por um certo grau de consciencialização; tomar consciência significa conceder-se a possibilidade de não voltar a repetir.

Nesta perspectiva, a interpretação do psicanalista apenas produzirá um efeito mutativo de oferecer ao paciente a possibilidade de passar do registo da acção para o registo da consciencialização.

Não cabe no âmbito deste livro desenvolver assunto tão vasto. Apenas fazemos notar que a nossa leitura da psicoterapia psicanalítica de curta ou de longa duração visa proporcionar aos pacientes os *meios psíquicos para não voltar a repetir os esquemas comportamentais que se tenham tornado anacrónicos.*

Retomaremos este assunto nos capítulos que se seguem, a propósito da organização da personalidade. Falaremos depois de crise e da investigação psicodinâmica breve, tema já tratado numa outra obra (1996). Abordaremos também o tema dos dispositivos temporal e espacial, antes de passarmos ao do processo psicoterapêutico na psicoterapia breve.

7 | ORGANIZAÇÃO DE PERSONALIDADE E RELAÇÃO TERAPÊUTICA

Toda a nossa reflexão sobre a patologia, a crise e a terapêutica nos remete constantemente para a organização de personalidade do paciente. Só raramente se fala de doença ou de perturbações sintomáticas, o que pode causar alguma confusão, sobretudo se, para facilitar a comunicação ao nível internacional, também se pedir um diagnóstico *DSM-IV* ou *ICD-10* (*Classificação Internacional das Doenças Mentais*, 10.ª edição), diagnósticos esses que se baseiam essencialmente em noções descritivas.

Com efeito, quando se raciocina em termos de organização de personalidade ou de estrutura, está-se a fazer apelo a noções essencialmente dinâmicas. Em contrapartida, estabelecer um diagnóstico *ICD-10* significa optar-se por noções essencialmente descritivas e classificadoras. Confrontar-nos-emos, ao que parece, naturalmente, com um duplo constrangimento. Por um lado, para estabelecermos um diagnóstico psicodinâmico de organização de personalidade, temos de atender à relação que o paciente procura estabelecer com o psiquiatra, bem como às reacções emocionais que este possa ter; por outro, é-nos pedido um diagnóstico descritivo que implica uma investigação de tipo biomédica, com perguntas directas e respostas precisas. É este o tipo de problema que vamos analisar agora.

A questão do diagnóstico em Medicina

Na sua obra, Lichtenthaeler (1978) faz notar que a medicina científica se caracteriza por três dimensões independentes:

– um sistema de classificação;
– um sistema explicativo etiológico;
– um sistema terapêutico.

Na opinião deste autor, é correcto atribuir-se o advento da medicina científica a Hipócrates (século IV a. C.). Outrora, exceptuando alguns problemas manifestamente acidentais (fractura, por exemplo), todas as doenças eram atribuídas a causas mágicas, provenientes portanto do imaginário do Homem. No entanto, a medicina científica foi precedida por um período dito «pré--científico», caracterizado essencialmente por um *sistema de classificação* das perturbações sem categorização etiológica coerente. Esse período pré-científico marca o início das profissões médicas. O esquema de Lichtenthaeler é útil para a compreensão da posição específica da psiquiatria na medicina. Com efeito, enquanto a medicina somática não teve dificuldade alguma em desenvolver-se em torno desses três eixos (classificação, etiologia e terapêutica), a psiquiatria continua a confrontar-se ainda com conflitos intermináveis que traduzem as dificuldades em definir um modelo etiológico coerente, dificuldades essas que advêm, em grande parte, da particularidade do objecto de estudo – o pensamento – desse ramo da medicina. Oscila-se constantemente entre um modelo biomédico e um modelo psicodinâmico que, por vezes, comporta componentes sociais.

Nesta perspectiva, os sistemas de classificação que se dizem ateóricos, isto é, que procuram evitar a questão etiológica, são na realidade um retorno ao período pré-científico da medicina. Nesta acepção, são inaceitáveis quando o objectivo é tratar um paciente, uma vez que, para isso, não se pode prescindir de um modelo etiológico de referência, o que implica uma escolha: modelo psicogenético ou modelo biomédico ou, melhor ainda e na nossa opinião, *modelo integrativo*, modelo este que corresponde à nossa posição e que desenvolveremos mais adiante.

Verifica-se muitas vezes que os terapeutas, sem saber o que escolher, acabam por adoptar atitudes terapêuticas essencialmente baseadas na sua própria percepção dos factos, isto é, *tomam-se a si próprios como modelo de referência*. Esta atitude é, pois, idêntica à que habitualmente adoptamos nas nossas relações interpessoais quotidianas. O que leva por vezes o paciente a aceitar mais facilmente as sugestões do terapeuta do que as dos familiares é sobretudo o contexto diferente, médico, neste caso (psicoterapêutico) e que confere ao terapeuta uma certa autoridade sobre o paciente.

A nossa posição, que classificamos de etiológica, consiste simplesmente em definir, sem pretender aspirar à verdade absoluta, certas regras do funcionamento psíquico, regras cujo fundamento é *empírico*, ou seja, que se baseiam na observação clínica e na experimentação. Mas, antes de expormos a nossa teoria, lembraremos algumas das ideias formuladas por J. Bergeret a propósito da estrutura da personalidade.

Organizações e estruturas segundo Jean Bergeret

Em nossa opinião, não foi por acaso que Bergeret levantou o problema do normal e do patológico na sua 1.ª edição de 1974 (3.ª edição, 1996). Podemos considerá-la uma evolução do pensamento psicanalítico que, ao colocar em primeiro plano o funcionamento psíquico, faz cair a fronteira entre saúde e doença. A técnica psicanalítica tem, segundo diz, a finalidade de ajudar o paciente a compreender-se melhor a si próprio e não a curá-lo dos seus sintomas. Como afirmou Franz Alexander: «A cura vem por acréscimo!»

Neste contexto, era perfeitamente legítima a pergunta: existem doenças psíquicas? Bergeret responde afirmativamente, conquanto seja especificada uma distinção. Não há loucos, nem normais, mas antes pessoas saudáveis capazes de tirar proveito das suas necessidades pulsionais, tanto no plano pessoal como no social (tendo em conta a realidade) e doentes desprovidos dessa capacidade. Por outras palavras, a normalizade consiste num certo equilíbrio que permite ao sujeito adaptar-se à realidade em função das suas próprias necessidades, estando estabelecida essa boa adaptação do funcionamento relacional no seio da estrutura própria do sujeito, seja ela qual for.

Ao conceptualizar os elementos que compõem este equilíbrio, Bergeret defende a noção de estrutura, sobreponível, no seu entender, à de constituição. Representa o modo de organização permanente e profundo do indivíduo e articula-se em torno de três eixos: o tipo de angústia, a constelação defensiva e o modo de relação objectal. A partir daí, tal como qualquer outro psicanalista, tentará encontrar no percurso aleatório da elaboração da sexualidade infantil os ingredientes a partir dos quais, na idade adulta, se organizará a personalidade. Esta sexualidade passa pelas diferentes fases do desenvolvimento psicoafectivo e que o autor recorda na figura 7.1.

Segundo Bergeret, existem duas estruturas estáveis, a estrutura psicótica e a estrutura neurótica.

- A *estrutura neurótica* corresponde a uma deficiência na organização narcísica primária dos primeiros momentos de vida, a uma impossibilidade de a criança ser considerada um objecto distinto da «mãe-sujeito», como diz o autor. A mãe ficaria incompleta e não poderia admitir ser separada dessa parte indispensável ao seu próprio Ego que é o bebé. O perigo com que se confronta o psicótico é a ameaça de fragmentação.
- A *estrutura neurótica* é construída sobre o primado do genital e do imaginário triangular edipiano. A criança conseguiu superar todas as fases do desenvolvimento libidinal, acedendo à triangulação genital sem excessivas fixações pré-genitais, o que lhe permite abordar o conflito edipiano sem grandes problemas. A organização é submetida à angústia

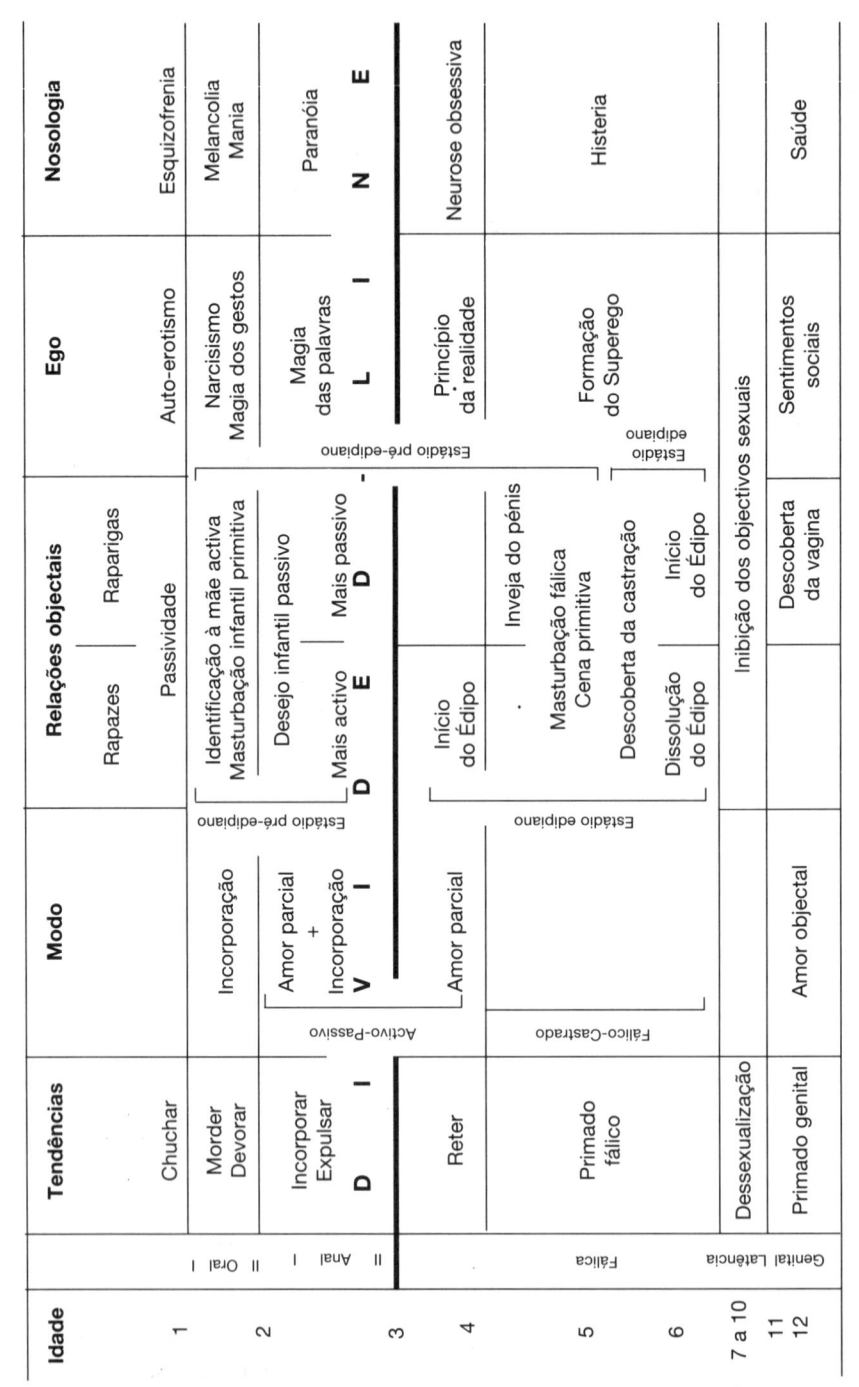

Idade	Tendências		Modo		Relações objectais		Ego	Nosologia
					Rapazes	Raparigas		
1	Chuchar	Oral I	Incorporação	Activo-Passivo	Passividade		Auto-erotismo	Esquizofrenia
2	Morder Devorar	Oral II	Amor parcial + Incorporação		Identificação à mãe activa Masturbação infantil primitiva		Narcisismo Magia dos gestos	Melancolia Mania
3	Incorporar Expulsar	Anal I			Desejo infantil passivo Mais activo / Mais passivo		Magia das palavras	Paranóia
		Anal II			Estádio pré-edipiano		Estádio pré-edipiano	
4	Reter		Amor parcial	Fálico-Castrado	Início do Édipo		Princípio da realidade	Neurose obsessiva
5	Primado fálico	Fálica			Inveja do pénis Masturbação fálica Cena primitiva Descoberta da castração	Início do Édipo	Formação do Superego	Histeria
6					Dissolução do Édipo		Estádio edipiano	
7 a 10	Dessexualização	Latência			Inibição dos objectivos sexuais			
11	Primado genital	Genital	Amor objectal			Descoberta da vagina	Sentimentos sociais	Saúde
12								

Figura 7.1. As grandes estruturas de base: esquema geral da psicogénese

de castração e tem como base as relações entre *Id*, Ego e Superego e o conflito situa-se no interior do psiquismo.
- Para além disso, entre estas estruturas estáveis, Bergeret introduz uma categoria intermédia, que é a da ausência de estrutura. Refere-se a personalidades que não conseguem estruturar-se, nem no modo psicótico nem no modo neurótico. O autor considera instáveis estas «organizações-limite», como lhes chama. A necessidade de lutar constantemente contra o risco de perder o objecto constitui um dos elementos fulcrais desta organização e representa para o sujeito o risco permanente de cair em depressão.

O quadro 7.1. contém estas três organizações.

Quadro 7.1. Comparação entre as organizações estruturais

	Instância dominante na organização	*Natureza do conflito*	*Natureza da angústia*	*Defesas principais*	*Relação objectal*
Estruturas neuróticas	Superego	Superego com o *Id*	de castração	recalcamento	genital
Estruturas psicóticas	*Id*	*Id* com a realidade	de fragmentação	negação da realidade desdobramento do Ego	fusão
Organizações borderline	Ideal do Ego	Ideal do Ego com: – *Id* – realidade	de perda de objecto	clivagem dos objectos exclusão	anaclítica

Fonte: J. Bergeret, *La personalité normale et pathologique*, Paris, Dunod, 3.ª ed., 1996. (Edição portuguesa: *A Personalidade Normal e Patológica*, Lisboa, Climepsi Editores, 1997.)

Um modelo teórico integrativo

Do ponto de vista teórico, a nossa posição fundamenta-se evidentemente na literatura psicanalítica e psicoterapêutica, assim como em vários seminários pluridisciplinares que organizámos e nos quais participaram historiadores, homens de letras, semióticos, sociólogos e psicanalistas. Do ponto de vista da prática, a nossa abordagem baseia-se nas nossas experiências em terapia familiar vistas de uma perspectiva sistémica e também na nossa experiência psicanalítica, quer na área da cura-tipo quer na das psicoterapias de inspiração psicanalítica e de grupo.

O carácter homogéneo destas abordagens não deixou de gerar alguma confusão nas pessoas. Trouxe, no entanto, à superfície uma evidência frequentemente esquecida: a realidade psíquica tem inúmeras facetas e não nos contentaríamos em abordá-la de um só ângulo. Por outro lado, tal como acontece noutras disciplinas, quando os investigadores atingem os limites da sua ciência, recorrem frequentemente ao psicanalista para resolver os impasses em que se encontram. Note-se que o contrário também é verdade, pois os psicanalistas pedem ajuda aos especialistas de outros ramos, quando pretendem fundamentar a sua própria abordagem ou quando se debatem com alguma dificuldade. Reforçámos, pois, a ideia de que a realidade psíquica, tal como é interpretada pelo psicanalista, se situa no ponto de convergência de muitas preocupações das ciências humanas. Além disso, tivemos também de admitir que as respostas dadas pelos psicanalistas clássicos não pareciam satisfazer minimamente os investigadores de disciplinas vizinhas.

As críticas feitas à psicanálise são de natureza diversa. A principal refere-se à incoerência revelada pelo psicanalista que se interessa por inúmeros aspectos da cultura, sem ter em conta o contexto no qual se inscrevem as observações, e ainda considerar o conjunto desses fenómenos como o produto de pessoas observadas no divã. Esta crítica foi já apontada muitas vezes para que agora voltemos a ela. Ocupar-nos-emos de outra área na qual parece necessário colocar um pouco de ordem: a das relações interpessoais.

A relação interpessoal

De facto, desde 1930, pelo menos, se fez notar (nomeadamente Rickmann, 1957) o paradoxo da psicanálise que consiste em descrever o mundo intrapsíquico de um indivíduo com base na observação de uma relação específica, a *relação psicanalítica*. Desde então, louváveis esforços foram desenvolvidos para remediar tal situação (Winnicott, Fairbairn, M. Khan); mas, diga-se o que se disser, o psicanalista insiste em falar do indivíduo, mesmo quando fala de relação objectal. São disso um bom exemplo os trabalhos de Bergeret, que coloca sempre o sujeito no centro das suas reflexões, mesmo quando se refere ao equilíbrio ou à relação objectal. Para além disso e à luz dos princípios freudianos, invoca claramente a influência do meio sobre o desenvolvimento da personalidade sem, no entanto, conseguir aprofundar a sua natureza nem o seu impacte e recorre então à teoria doas estádios, da frustração e da satisfação, o que é insuficiente.

Pela nossa parte, partimos do postulado segundo o qual a realidade psíquica é inacessível. Na melhor das hipóteses, talvez conheçamos alguns derivados que se revelam na relação interpessoal.

O dicionário *Petit Robert* define a *interacção* como sendo uma «acção recíproca»: pode ser concebida como os comportamentos imediatos e físicos circunscritos no tempo e no espaço que se estabelecem entre duas ou mais pessoas e que as influenciam mutuamente. Pode também ser concebida com uma série de mensagens verbais e não verbais trocadas entre os indivíduos, com acção recíproca (Watzlawick, 1972). Quando observamos dois sujeitos em discussão, assistimos a uma sucessão de interacções constituídas por trocas de palavras ou mensagens não verbais ou paraverbais (sinais corporais), visuais, faciais, vocais, etc.). Mas tudo isso não basta para que o observador saiba o que se passa na mente de cada um dos interlocutores. Em contrapartida, a experiência subjectiva é vivida na relação interpessoal, mas a um nível não observável.

Quanto à *relação*, esta é o elo de influência recíproca que se constrói a partir do interior entre duas ou mais pessoas e que implica em cada uma delas as representações dos restantes. Para além disso, é definida pelo contexto profissional, amoroso, terapêutico, etc.

Ao longo do nosso trabalho, admitimos sempre que a análise minuciosa da interacção observável entre dois interlocutores permitia inferir a natureza da relação existente entre eles. E foi com base nesse pressuposto que estudámos não só o processo psicoterapêutico, mas também a organização da personalidade. Com efeito, sendo a interacção a parte observável da relação, ela é no entanto condicionada pelos fantasmas dos indivíduos em questão. A figura 7.2 ilustra esta concepção. Note-se que outros autores, como, por exemplo, Janine Puget, adoptara o mesmo ponto de vista (1989).

Para melhor entender o funcionamento psíquico de um indivíduo, dispomos de diversos factores, alguns observáveis, outros «deduzíveis».

Os factores *observáveis* são os seguintes:
– o corpo;
– o comportamento ralacional;

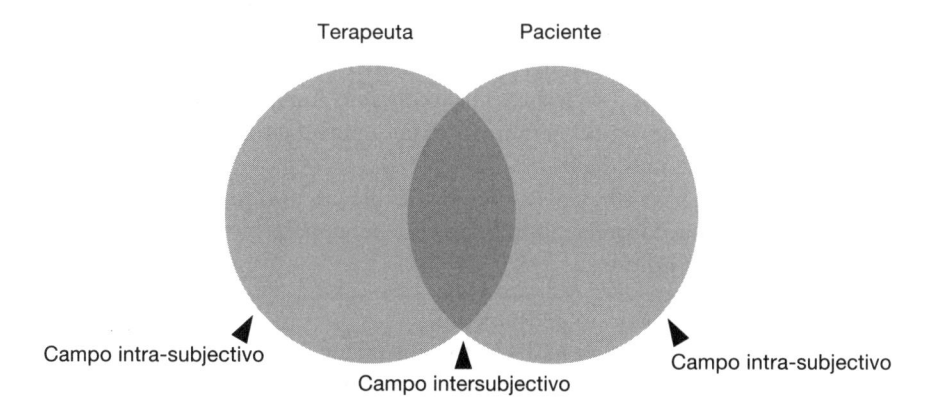

Figura 7.2. Os fenómenos interpsíquicos
[Fonte: E. Gilliéron (1990), *Les psychothérapies brèves*, Paris, PUF.]

- a linguagem verbal;
- a linguagem paraverbal;
- a linguagem não verbal;

Os factores «*deduzíveis*» são aqueles que se baseiam num modelo teórico, a teoria psicanalítica no nosso caso. Não são visíveis, na acepção científica e experimental do termo, mas pretendem ser explicativos. São subjacentes à abordagem que consiste em postular que, se o sujeito se comporta desta ou daquela maneira, é porque provavelmente se passa isto ou aquilo no interior do seu psiquismo.

Como já referimos, o nosso modelo assume-se como etiológico, o que não significa que detenha o conhecimento do conjunto de factores passíveis de perturbar o desenvolvimento da personalidade. Assenta no princípio de que cada um dos factores constitutivos da personalidade, isto é, biológicos, psíquicos e ambientais, pode abalar o equilíbrio, às vezes de uma forma duradoura. Na medida em que encara os factos de uma forma dinâmica, à luz da ideia da homeostasia ou, mais exactamente, da «auto-organização», um tal modelo «etiológico» pode ser considerado de natureza sistémica.

Admite-se, por outro lado, a ideia de um equilíbrio «ideal», ou seja, de uma orientação no sentido do desenvolvimento, «ideal» na acepção que Catherine Luquet Parat utiliza para definir o «equilíbrio edipiano», aquele que um sujeito atinge ao resolver o seu complexo de Édipo. Para o conseguir, o sujeito – cujo mundo intrapsíquico descrito por Freud se constrói a partir da rede de relações na qual se encontra envolvido logo à nascença – tem de passar por várias fases relacionais que implicam, todas elas, a resolução de conflitos. Estes conflitos são de natureza interpessoal e superá-los passa pela mentalização.

Há uma imagem que permitirá compreender melhor o que entendemos por mentalização do conflito. Quando duas pessoas estão em desacordo, podem matar-se uma à outra, mas também podem *imaginar* matar-se, sem que tenham de o fazer na realidade. Imaginar matar o outro constitui uma elaboração psíquica que permite contornar a execução do acto (mentalização). Defendemos, portanto, uma teoria do pensamento, enquanto factor equilibrador nas relações do sujeito com o meio.

São três os aspectos principais inerentes à evolução por que passa a criança ao transitar de uma constelação edipiana (dependência biológica dos pais) para o complexo de Édipo:

- a interacção (exterior ao pensamento);
- a mentalização (que está na base do pensamento);
- a verbalização (parcialmente desligada do pensamento).

As perturbações da personalidade são vistas como deficiências de mentalidade de alguns conflitos inerentes às fases obrigatórias do desenvolvimento do sujeito. Somos de opinião que é possível classificar as personalidade em função da qualidade da mentalização dos conflitos manifestada nas diversas fases pelas quais o indivíduo passa no acesso ao complexo de Édipo. Ao fazer esta leitura, encontramos muitas personalidades que correspondem à descrição de alguns autores, nomeadamente de Bergeret ou Kernberg, mas também algumas que se desviam um pouco dessa descrição. (Ver a este propósito a nossa obra *Le Premier entretien en psychothérapie*, 1996, capítulo 2.)

Na idade adulta, as relações afectivas são constantemente mediatizadas pelos nossos fantasmas. Transfiguramos o mundo exterior de acordo com o nosso imaginário. A nossa perspectiva individual assenta nas experiências da nossa infância que, por sua vez, se inscrevem num dado contexto histórico e cultural. É também assim que pode ser descrita a maneira como o equilíbrio se estabelece entre dois indivíduos.

Características relacionais fundamentais

Parece-nos útil resumir algumas das características relacionais das diversas organizações da personalidade. Com efeito, são elas que permitem que rapidamente se esboce um primeiro diagnóstico. O quadro que se segue apresenta uma lista orientadora mas não exaustiva.

O diagnóstico precisa-se ao longo da primeira sessão. Esta é conduzida de acordo com a técnica de anamnese associativa e em função das informações fornecidas pelo paciente. Insistimos no facto de que o segredo desta abordagem reside na capacidade que o psicoterapeuta tem de distinguir os «ruídos» (informações não pertinentes) das autênticas informações. Estas provêm essencialmente dos três elementos seguintes:

1. a reacção emocional do psicoterapeuta;
2. a maneira como o paciente fornece as informações (hesitações, tergiversações, ausência de respostas, generalizações, associações insólitas ou sem nexo, etc.);
3. o «conteúdo» das informações.

Convém nunca esquecer que as informações dadas por um paciente são sempre ambíguas, na medida em que comportam uma parte de objectividade e outra de subjectividade.

Características relacionais fundamentais		
Organização	*Paciente*	*Terapeuta*
Neurótica	O paciente fala de si próprio, distingue claramente o seu mundo interno do mundo externo. Parece sentir-se culpado e não acusa os outros dos seus erros. Temas do discurso: inibições, sentimentos de culpa.	O terapeuta sente que tem a liberdade de pensar. Não se aborrece mas sente-se algo distanciado e observa «do exterior» os problemas do paciente.
Neurose de carácter	O paciente chama a atenção do terapeuta para factos e acontecimentos dos quais ele próprio é um dos actores. Arrasta o interlocutor para uma espécie de romance, despertando a vontade de intervir na realidade.	O terapeuta tende a esquecer-se de que o sujeito tem uma vida subjectiva. É impelido a tecer comentários sobre os acontecimentos reais vividos pelo paciente.
Narcísica	Sob uma aparência encantadora envolvente o paciente revela-se frio ou, pelo contrário, hipersensível. A característica dominante é a dificuldade que tem de ter em conta o interlocutor. Fala essencialmente de si próprio. O conteúdo do discurso está recheado de termos que remetem para a valorização ou desvalorização das coisas e dos sentimentos, a vergonha ou a admiração. Denigre frequentemente tudo o que diga respeito ou outro.	O psicoterapeuta sente-se por vezes explorado; chega a duvidar de si próprio.
Perversa	O sujeito tenta obter a cumplicidade do interlocutor num jogo em que as leis sociais ou as regras habituais são transgredidas: relação de poder em que a sedução se reveste de fascínio e nunca deixa o interlocutor indiferente.	O terapeuta tanto reage pela revolta como pela submissão.

Características relacionais fundamentais		
Organização	*Paciente*	*Terapeuta*
Borderline	O paciente fala das suas relações afectivas e sentimentais em termos de «tudo bom» ou «tudo mau». Tenta obter o apoio anaclítico e não a cumplicidade do interlocutor que é idealizado logo à partida. Trata-se de um contacto do tipo funcional em que, muitas vezes, desperta pouca ressonância afectiva no interlocutor. Imputa a responsabilidade ao exterior.	O terapeuta, muitas vezes, é impelido a agir. Sempre fortemente mobilizado no plano da agressividade, tem dificuldade em manter-se calmo. Irrita-se enerva-se mas, ao mesmo tempo, sente-se impotente e desanimado.
Pré-psicótico	O paciente parece um pouco perdido, hipersensível e controla mal as suas emoções. Parece muito consciente das suas dificuldades e dotado de uma excelente capacidade de introspecção. No entanto é por vezes muito vago.	O paciente ilude e a primeira impressão é boa. Contudo, exige um enorme esforço de atenção e, muitas vezes, o terapeuta fica cansado. Na sua tentativa de pensar pelo paciente, o psicoterapeuta poderá alimentar a ilusão de grande empatia mútua.
Psicótico	O paciente mantém-se distante na relação (desconfiança) e exprime alguma frieza na transacção relacional, parecendo compreender tudo. Causa uma impressão de «excessiva normalidade». O estudo atento do seu discurso revela, no entanto, perturbações lógicas e inverosimilhanças que deixam o interlocutor intrigado.	O psicoterapeuta pensa estar a acompanhar a discurso do paciente, mas é sobretudo este que o conduz. De facto, sente-se algo desligado dele.
Paranóide	O discurso é muito bem organizado em torno de um sentimento de ter sido prejudicado. No entanto, a relação lógica entre os acontecimentos narrados e o sentimento de danos sofridos revela-se pouco plausível.	O interlocutor quer «repor a verdade», o que suscita um conflito aparente ou dissimulado, em torno do desejo de saber quem tem razão.

8 | DO ENQUADRAMENTO TEMPORAL AO TEMPO VIVIDO

A temporalidade é o factor que define com mais clareza as psicoterapias breves, por comparação com a psicanálise, cuja intemporalidade – característica dos processos inconscientes sobre a qual assenta – está na origem da noção de psicoterapia breve.

Outrora, ninguém se interrogava sobre a duração dos tratamentos psicológicos. Freud introduzira a noção de intemporalidade dos processos inconscientes, a qual justificava parcialmente o facto de não se fixar um limite à duração da psicanálise. Contava-se, de certo modo, com um fenómeno de ressonância entre o enquadramento temporal da cura e os processos primários para facilitar a emergência do inconsciente. Mas esta concepção nasceu das tentativas iniciais de prática psicanalítica e não se pode garantir que Freud tenha conscientemente decidido não fixar um termo ao tratamento. É mais provável que não tenha pensado nisso no início. Como já vimos, estava sobretudo preocupado com os pacientes que interrompiam precocemente o tratamento e a questão da duração não parecia interessá-lo.

Quanto a nós, as psicoterapias breves, para além o seu aspecto puramente terapêutico, constituíram uma ocasião para reflectir sobre o funcionamento psíquico. Diremos, algo prosaicos, que não partimos do postulado segundo o qual a abordagem psicanalítica implica necessariamente um enquadramento «intemporal». Baseando-nos nos múltiplos estudos realizados sobre os efeitos das psicoterapias, interrogámo-nos antes sobre o que essas pesquisas revelavam, ou seja, sobre o facto de poder ser operada uma mudança psicológica através de meios diversos e em períodos de tempo diferentes (problema do funcionamento mental).

Nesta óptica, as psicoterapias breves eram também consideradas como um método experimental susceptível de lançar luz sobre determinados princípios da dinâmica psíquica e nesse sentido influenciaram toda a nossa prática psicoterapêutica – não só a psicanalítica – permitindo-nos reflectir sobre outras técnicas tais como as psicoterapias de grupo, as terapias do casal ou familiares.

Com efeito, no nosso serviço de psiquiatria, ficámos surpreendidos com o número de psicoterapias que transitavam de um psicoterapeuta para outro quando um destes se mudava, bem como com a excessiva duração de alguns tratamentos. No que respeita às psicoterapias que nos eram atribuídas, ficávamos muitas vezes com a impressão de que a sua duração anterior não se devia tanto à intemporalidade dos processos inconscientes do paciente, mas sobretudo à do psicoterapeuta.

Por todas as estas razões, pareceu-nos de extrema utilidade repensar a relação terapêutica e assim nasceu o nosso interesse pela questão do tempo na psicoterapia.

Queremos deixar claro que o nosso objectivo não é, como por exemplo no caso de J. Haley, o de reinterpretar a psicoterapia como uma «estratégia relacional» (Haley, 1963), mas sim o de *perceber como o pensamento psicanalítico se inscreve numa relação terapêutica*. Ou seja, perceber, por um lado, em que situação relacional poderá favorecer um raciocínio não psicanalítico? Poder-se-ia deduzir que tratamos então do estudo da transferência, mas pensamos que se trata antes do estudo do efeito que, numa relação interpessoal, produz o raciocínio em termos de transferência. É também uma forma de nos perguntarmos, como tantos outros, como nasceu a psicanálise, como renasce todos os dias na nossa actividade de psicanalistas e como pode manifestar-se numa relação terapêutica diferente da cura clássica. Foi, pois, nesta óptica que abordámos a dimensão temporal na psicoterapia.

Embora o vivido temporal seja o reflexo da vida subjectiva do paciente (como, por exemplo, o tempo caótico do esquizofrénico, o tempo marcado pelas necessidades imediatas do *borderline*, o tempo constrangedor do obsessivo, etc.) não se limita no entanto a isso. É marcado também pelo dispositivo *(setting)* e pela natureza da relação interpessoal propostos. Aliás, ninguém contestará que o vivido temporal é, para cada um de nós, fruto da conjugação da nossa vida interna com o contexto no qual vivemos. Assim sendo, pensamos que a invenção da luz artificial, por exemplo, como consequente prolongamento do dia, não deixa de influir na visão que o Homem tem do mundo, uma vez que lhe permite escapar um pouco à sucessão cadenciada dos dias e das estações. Além disso, a vida do ser humano é ritmada por um certo número de rupturas da continuidade temporal, isto é, pelas situações de mudança ou de crise.

O estudo destas situações de crise psicológica demonstra que o Homem sente grande necessidade de restabelecer, por todos os meios ao seu alcance, a continuidade assim que esta é interrompida. As nossas pesquisas sobre as suas motivações mostraram-nos que é essa necessidade que impele o paciente a recorrer aos nossos serviços. Quando se vê confrontado com determinada ruptura, espera recuperar através do médico a continuidade perdida. Poderíamos entender desta forma a profunda tendência do Homem para a repetição (como os *patterns* repetitivos do sistémico, compulsão à repetição do psicanalista, por exemplo).

E também sobre o encontro da realidade material (externa) com a realidade psíquica, e do tempo do relógio (biológico ou artificial) com o tempo subjectivo, que nos vamos ocupar.

A construção do tempo relacional

Num seu artigo de 1968 e à luz de uma teoria geral das relações humanas, H. Stierlin salientava a importância daquilo a que chamava «o equilíbrio momento/duração» e que ilustra o significado do tempo nas relações interpessoais. Mostrava, por exemplo, que o grau de profundidade de uma relação varia enormemente em função do conhecimento que temos, quando nos envolvemos, da sua brevidade ou longevidade. Numa relação efémera em que o futuro é quase inexistente, pode haver uma certa «empatia desprendida». Essa empatia, por vezes muito grande, permite discernir sem perigo problemas muito profundos no interlocutor, enquanto este último, sabendo ele também da brevidade da relação, terá tendência a revelar os aspectos mais íntimos e mais ocultos da sua personalidade. Se a relação se mantiver, tudo o que tiver sido posto a descoberto no primeiro contacto ficará muito confuso. Aliás, todo o analista e psicoterapeuta sabe bem a que ponto, no início da terapia, os problemas podem revelar-se com clareza para depois mergulharem na obscuridade. Isto ilustra o facto de que a natureza de uma relação é fortemente marcada pelo tempo dessa relação, mas que, por outro lado, ela comporta a marca do tempo interno dos interlocutores, isto é, aquele que é inerente à estrutura da personalidade de cada um deles. Vejamos como, em 1982, J. Cain abordava esta questão.

> Este facto leva-nos a formular [...] a hipótese de um terceiro tempo, tempo intermédio que podemos situar entre os dois intervenientes da cura ou, de uma forma mais geral, entre o Ego e o mundo. Com efeito, se alguns autores (Racamier, Pasche, Winnicott) fizeram referência a uma terceira tópica dos espaços, podemos acrescentar que existe também um terceiro aspecto do tempo. Ao tempo interno puramente fantasmático e ao tempo externo medido pelo cronómetro, vem acrescentar-se um terceiro tempo que liga os outros dois e no qual se situa a palavra, o que exclui a psicose.

O psicanalista J.-S. Kafka afirmava que a compreensão do terapeuta acerca da realidade interna do paciente dependia, em grande parte, dos seus respectivos ritmos de comunicação (1993). Acontece que o encontro entre duas pessoas, cuja ressonância interna dos dados temporais nem sempre é idêntica, não se faz sem problemas. Analisemos um exemplo clínico ilustrativo.

Exemplo 1

Um jovem afável e simpático recorrera à consulta devido a dificuldades sentimentais e relacionais em geral. Não conseguia, afirmava, estabelecer verdadeiras relações com as mulheres que se apaixonavam facilmente por ele (era um belo jovem), mas que o deixavam passado pouco tempo. Além disso, se bem que fosse um excelente profissional, não conseguia fazer com que o apreciassem, nem tão-pouco fazer-se entender quando, por exemplo, chamava a atenção dos colegas para um erro. Durante as sessões, o psicoterapeuta tinha à sua frente um homem sensível, aberto, muito receptivo às interpretações (demasiado receptivo, poder-se-á concluir agora).
Nessa altura, as ideias do terapeuta sobre a organização da personalidade eram ainda bastante vagas e este estava convencido de que aquele paciente, muito inteligente, sofria essencialmente de inibições que o impediam de fazer valer os seus atributos. Optou-se por uma psicoterapia psicanalítica. Tudo corria bem, o que levava a supor haver uma excelente compreensão mútua. Contudo, passado algum tempo, o terapeuta apercebeu-se, com algum embaraço, de que adoptara, sem se aperceber, um comportamento completamente diferente do habitual com este paciente. Este mostrava-se tão cooperante que, de cada vez que o terapeuta tinha uma dificuldade horária, recorria àquele para a resolver, alterando as sessões. E isto a tal ponto que, ao longo dos meses, as sessões passaram das sete horas da manhã, para as doze, o meio da tarde ou o fim do dia, alterações que o paciente aceitava sem a menor dificuldade. Parecia não se ressentir das alterações de horário. Quanto ao terapeuta, estava feliz com tanta complacência que lhe parecia o reflexo de uma grande confiança.
Foi um acto falhado que despertou a atenção do terapeuta. O paciente esqueceu-se de uma sessão. Falando sobre o assunto, referiu-se ao facto de que, contrariamente ao que acontecera até esse momento, ressentira-se muito com a última alteração horária. Sentira-se desamparado e temera não poder contar realmente com o outro. «Acho que foi a primeira vez, disse, que me dei conta de que gostaria de me apoiar em alguém.» Esta reacção inesperada deu que pensar ao psicoterapeuta. O tom das sessões mudou completamente a partir do momento em que a importância do enquadramento temporal foi posta em evidência pelo paciente. Era como se, pela primeira vez, esse enquadramento importasse, mas sobretudo como se o interlocutor começasse a existir *realmente* para o paciente. Com efeito, este último já não aceitava passivamente as interpretações mas discutia-as, elaborava-as e utilizava-as. A sua anterior atitude era obviamente justificada pela sua organização de personalidade, subjacente, a qual teríamos sem dúvida classificado como «evitante» de acordo com o *DSM-III*, ou na expressão de Winnicott correspondente a um «falso *Self*». Mas, para além disso, podíamos interrogar-nos sobre um problema técnico. Ficámos, de facto, convencidos de que se o enquadramento temporal não tivesse sido inconscientemente alterado várias vezes, o paciente teria tido muito mais

dificuldade em aperceber-se da importância da permanência de uma relação. Essa permanência tinha sido criada por ele, uma vez que não lhe tinha sido oferecida.

Estas observações levantam questões de várias ordens, nomeadamente:
- a relação do funcionamento psíquico com o *enquadramento psicoterapêutico;*
- a natureza da *relação terapêutica* e, em especial, a questão da frustração e da transferência nas personalidades caracterizadas por importantes carências afectivas;
- as características necessárias à *interpretação mutativa* neste tipo de personalidades.

1. O enquadramento psicoterapêutico é revelador do funcionamento psíquico. É com relação a este que pode ser identificada a natureza das resistências do paciente. Assim, sabe-se que as personalidades semelhantes à do nosso paciente parecem ficar aterrorizadas com a constância do enquadramento psicanalítico. Com efeito, esses sujeitos multiplicam os *acting out,* faltam às sessões, propõem alterações horárias e queixam-se da nossa falta de compreensão.

2. A relação terapêutica. O analista, que assegura o enquadramento, vê-se na necessidade de interpretar essas acções. No entanto, estes pacientes não vêem nisso um reflexo da compreensão do psicoterapeuta. Acham que é este último que precisa deles, enquanto eles próprios não puderam dispensar essa constância. Assiste-se então a trocas repetitivas, difíceis de contornar e que alimentam as resistências, visto que, neste tipo de casos, a constância oferecida pelo psicanalista irrompe na vida do paciente e representa uma gratificação intolerável que impede a tomada de consciência. A referência ao passado, no exemplo citado acima, permitir-nos-á entender melhor o que queremos dizer.

3. A interpretação. Na sequência do episódio descrito, o psicoterapeuta ficou a saber que o paciente vivera num meio familiar marcado por um conflito grave entre os pais. O pai, para escapar a uma mulher cronicamente insatisfeita, afastara-se progressivamente de casa, deixando ao filho a incumbência de cuidar da mãe. Esta última parecia incapaz de se aperceber das necessidades do filho, de cuja presença se aproveitava de acordo com o seu estado de espírito. Tão depressa lhe fazia confidências e queixas constantes como o escorraçava brutalmente quando se tornava um incómodo. A criança tinha aprendido duas coisas: a reprimir as suas próprias carências afectivas e a estar atento às da mãe, sem nunca saber no entanto se conseguiria ou não satisfazê-las. O seu mundo interno havia sido construído com base numa dupla convicção: *a desvalorização das suas próprias necessidades e a inconstância das do outro.* Contudo, estes elementos só puderam ser detectados depois do acto falhado do paciente. Voltando ao início desta psicoterapia, apercebemo-nos de que o psicoterapeuta, ao pedir ao paciente para atender aos seus impedimentos horários, havia sido inconscientemente levado a imitar o comportamento da mãe. Estava, dessa forma, a propor-lhe um mundo conhecido, o que equivalia a uma gratificação. A sua contratransferência inconsciente tinha-o impelido a responder pelo agir à transferência do paciente. Paradoxalmente, as alterações de horário tranquilizavam este

último por serem uma réplica do passado e protegiam desse modo o que existia em si de «central» (o *Self*), segundo a expressão de Winnicott. Mas esta repetição do passado era aparente na medida em que, ao invés do que fazia a mãe do paciente, o psicoterapeuta não ignorava as suas necessidades; mostrava-se disponível, mas só quando não tivesse de «sofrer» com isso. A verdadeira *frustração* residia precisamente nesse ponto e foi ela que mobilizou a transferência. Com efeito, o psicoterapeuta impunha ao paciente uma relação demasiado genitalizada para que este conseguisse suportá-la. Era também para poder ocupar-se de outra coisa (ou de alguém?) que a continuidade do enquadramento temporal não era mantida pelo psicoterapeuta. As rupturas do enquadramento temporal tinham um sentido diferente para o psicoterapeuta e para o paciente. E foi desta falha que nasceu a ideia de uma personagem constante e susceptível de responder às necessidades de outrem, ideia esta que, em si mesma, «representava» uma profunda mudança; a interpretação dada pelo psicoterapeuta apenas surgiu posteriormente. «O relógio» interno do paciente inscrevia-se na intemporalidade (o tempo não conta, não existe); o do terapeuta, na temporalidade. Salientemos o facto de que o comportamento do psicoterapeuta não tinha sido reflectido. Não se tratou, por exemplo, de propor uma «experiência emocional correctiva». Foi o próprio paciente que sugeriu a correcção, ao pedir uma maior constância quando a frustração se lhe tornou intolerável. A partir desse momento, começou realmente a falar da sua vida interna, das suas carências afectivas e do seu passado.

Pensamos que não se pode falar de funcionamento psíquico, de vivido temporal ou de conflito intrapsíquico sem se ter em conta o contexto no qual essas manifestações surgem. Assim sendo, o exemplo anterior deixa bem claro que a constância do objecto interno pode parecer inconstância aos olhos do observador, daí resultando um grande mal-entendido. Do mesmo modo, a temporalidade caótica do esquizofrénico é caótica só para os outros. Para o esquizofrénico, ela representa a constância do seu mundo e é a rigidez das regras que às vezes se pretende impor-lhe que abala e destrói perigosamente os seus pontos de referência. No que diz respeito ao caso que acabamos de descrever, e muito provável que se se tivesse imposto logo de início um enquadramento temporal rígido, o paciente não tivesse conseguido estabelecer qualquer relação com o psicoterapeuta, por este pertencer a um mundo demasiado diferente. Mas se, pelo contrário, tivesse havido cedência aos «caprichos» do psicoterapeuta deixando-o, por exemplo, alterar à sua vontade as horas das sessões, o paciente não o teria suportado, na medida em que tal seria uma gratificação igualmente inaceitável. É paradoxalmente o facto de lhe ter pedido que tivesse em conta os imperativos do psicopterapeuta que permitiu penetrar no seu mundo sem o assustar e também o facto de lhe ficar grato que provavelmente abriu a porta que conduziu à consciencialização das suas próprias expectativas. Propor-lhe um enquadramento temporal inconstante significava para ele uma recompensa. Em contrapartida, era frustrante para o paciente saber que o psicoterapeuta não se ocupava exclusivamente dele.

Uma das conclusões essenciais a que assim chegamos e que nos parece de grande relevância, para quem, como nós, se interessa pelas psicoterapias breves, é o facto de o enquadramento temporal que propomos aos nossos pacientes nem sempre responder às suas necessidades profundas. A fim de evitar que as psicoterapias se eternizem ou que sejam prematuramente interrompidas, é conveniente ter em conta não só o funcionamento psíquico do paciente, como o impacte nesse mesmo funcionamento psíquico das medidas que preconizamos. Quando se fala em intemporalidade dos processos inconscientes, há pois que saber que intemporalidade esta em causa: a do paciente ou a do psicanalista?

Citemos a propósito uma passagem notável de Masud Khan (1976, pp. 48--49), sobre a regressão de alguns pacientes não neuróticos:

> É a regressão do Ego na situação analítica aos estádios primitivos de dependência e de afectividade indiferenciada não integrada que, desesperadamente, eles buscam. É essa também a origem da sua resistência mais coriácea e do seu negativismo. É precisamente nesta área que a avaliação da necessidade (inconsciente) do paciente representa uma árdua tarefa para a sensibilidade imaginativa do analista. Os pacientes impõem-lhe o papel do meio envolvente primário. Dependem enormemente da capacidade que o analista tem de empatizar com eles e bem como a de cristalizar tudo isso numa experiência afectiva do Ego. Muitas vezes, essa necessidade é indevidamente tomada por um convite a intervir e a dirigir, guiar e corrigir. E não é isso que o paciente pretende. Ao agir dessa maneira, o analista apenas estará a substituir uma série de sujeições por outra, embora possa ser menos nociva. O verdadeiro papel do analista consiste antes em permitir ao paciente experimentar regressiva e afectivamente, no enquadramento analítico, a realidade total e fragmentada que ele procura colocar sob controlo mágico. E visa também tornar possível, no paciente, a perlaboração do interior, através da experiência dessa nova relação que se estabelece entre ele, o analista e a situação analítica. O que significa que a realidade e as limitações do analista, enquanto pessoa, tendem a tornar-se mais visíveis no processo, mas apenas terão algum valor se estiverem relacionadas, seja de que maneira for, com as necessidades do paciente e com a situação clinica.

Psicoterapia e dialéctica momento/duração

A dialéctica momento da consulta/duração do tratamento desempenha um papel importante na psicoterapia, papel esse determinado por dois aspectos primordiais: o efeito que a temporalidade tem sobre o paciente e que depende da sua organização de personalidade e o enquadramento temporal proposto pelo terapeuta. Resumindo, durante a psicoterapia, a temporalidade do psicoterapeuta vai entrar em ressonância com a do paciente. Saber gerir este fenómeno pode acelerar consideravelmente o processo, pelo menos a dois níveis: por um lado e no momento da consulta, no plano do diagnóstico e, por outro, no que respeita à duração do tratamento, no plano terapêutico.

Diagnóstico

O paciente recorre a consulta sempre em momentos precisos da sua existência, isto é, em situações de crise. Visto que qualquer crise abala os fundamentos do equilíbrio do sujeito, poder-se-á tirar partido disso para estabelecer um diagnóstico de *organização de personalidade*. Já abordámos este assunto na nossa obra (1996). Voltaremos a ele para mostrar como se constrói uma hipótese psicodinâmica.

Terapia

Em psicoterapia, o tempo intervém:
– na definição do dispositivo temporal (duração do tratamento, frequência das sessões);
– no início da psicoterapia;
– no final da psicoterapia;
– no início das sessões;
– no fim das sessões.

Cada um destes momentos é particularmente fecundo, pois funciona sempre como um indicador da problemática com que se confronta o paciente.

O momento da consulta: a intervenção psicoterapêutica

O sujeito recorre à consulta porque os seus sintomas se tornaram demasiado dolorosos. O obsessivo está farto das suas ideias obsessivas e o fóbico, dos seus receios, etc. Estamos, ao que parece, perante o resultado final de uma longa evolução interior, individual, mas que não implica necessariamente uma grande descompensação. Com efeito, as defesas estão bem definidas e só um tratamento de longa duração parece capaz de provocar alguma melhoria. Contudo, uma observação atenta permite concluir sempre que o sujeito pede ajuda em momentos precisos que tanto tem a ver com a sua relação com o meio como consigo próprio.

São as crises de vida com as quais todos nós nos confrontamos ao longo da nossa existência. Alguns sentem-se postos em causa pelo meio envolvente, outros reagem muito mais a situações que têm ressonância com a sua vida fantasmática. Imaginemos, por exemplo, um carácter fóbico constantemente obrigado pelas suas angústias a progredir no seu trabalho e que, ao alcançar o topo da pirâmide, descompensa bruscamente devido a sentimentos de culpa inconscientes. Muitas das descompensações surgem por ocasião do nascimento, da adolescência e do casamento dos filhos. Nestes casos, a vida fantasmática inconsciente dos sujeitos é estimulada por acontecimentos externos e fazem emergir angústias até então solidamente controladas através de um dispositivo defensivo estável. A este propósito, na sua obra *Propos sur la réalité dans la théorie psychanalytique* (1962), Racamier lembra que existem estados de crise, passageiros, em que o homem está hipersensível à realidade. Na sua maior parte, são crises evolutivas como as da adolescência, por exemplo, ou então, crises de involução, do pós-parto, etc., que constituem todas um período de profunda reformulação interior.

Mas hipersensibilidade à realidade anda, ao que parece, passo a passo, com uma hipersensibilidade ao desenrolar do tempo, o que não surpreende se nos lembrarmos com M. Bonaparte, que «o tempo não é parte integrante do nosso ser mas parece provir unicamente da nossa percepção nascente da realidade de um mundo exterior (1940).»

Seja como for, se o psicoterapeuta souber discernir a relação dinâmica entre a descompensação psíquica do paciente e a sua situação vital actual, uma intervenção terapêutica de natureza analítica terá um efeito muito positivo, favorecendo a reformulação das defesas, num lapso de tempo muito curto.

Exemplo 2

O Sr. H., de 45 anos, gravita nas esferas paramédicas. Alto, ombros largos, robusto e seco, tenta a todo o custo manter um ar digno através de uma abordagem rígida mas desajeitada. Recorre à consulta devido a uma impotência secundária que dura há cerca de dois anos e que sobreveio após uma doença de coluna da esposa, que o obrigara a um período de abstinência. Desde então, nunca mais conseguiu ter relações sexuais. Lembra também que, oito anos antes, passara por um episódio semelhante de impotência em consequência de uma depressão da mulher após o nascimento do seu único filho. Três sessões com um psicoterapeuta local tinham bastado para resolver o sintoma. Surpreendido com tão brilhante resultado e ferido no seu amor próprio, o terapeuta perguntou-lhe então o que é que o médico em causa tinha dito de tão eficaz. Ao que o paciente respondeu que lhe fizera ver simplesmente quanto ele temia provocar uma recaída depressiva da mulher caso a engravidasse. Desejoso de obter tão bons resultados como os do colega, o segundo terapeuta reflectiu durante uns segundos e, vendo uma semelhança aparente entre as duas situações, alvitrou: «É como da outra vez. Você tem medo de provocar dores dorsais à sua mulher ao retomar a sua vida sexual, uma vez que teve de se abster por causas delas!» Na sessão seguinte, o paciente estava na mesma, o que não é de admirar! Foi então necessário que o terapeuta renunciasse ao desejo de querer ultrapassar o colega em eficácia e que escutasse atentamente o paciente. E ali estava ele, sentado, imóvel, falando e insistindo na sua impotência, exprimindo a sua angústia, racionalizando constantemente. O que surpreendia mais naquele homem era a vergonha dissimulada pela rigidez, uma mistura de apelo e de recusa em ser ajudado. Todo o seu comportamento, toda a sua atitude interior traduziam a necessidade de um controlo absoluto, tanto dos gestos como das emoções. Dava a impressão de ser incapaz de proporcionar a si próprio o menor prazer que fosse e toda a virilidade parecia depender desse controlo. Após uma ou duas sessões e depois de reflectir sobre tudo o que se discutira até aí, o terapeuta lembrou-se de uma das primeiras frases do paciente proferida na primeira sessão: «Sou muito novo para viver como um monge!»

O terapeuta disse então ao paciente que, tal como a mulher, ele devia estar a atravessar um período de transição; que, tal como o tinha demonstrado nas sessões anteriores, desejava obter na sua vida as vantagens e o êxito inerentes aos seus 45 anos (referira-se a problemas de afirmação, especialmente no emprego), mas que essas aspirações o faziam, ao mesmo tempo, recear a velhice e a morte. O Sr. H. parecia estar a proteger-se contra esse medo bloqueando todas as suas emoções, como se assim bloqueasse também o tempo! O terapeuta terminou a sessão, propondo esse problema para discussão e fixando uma duração de oito semanas para a terapia.

O paciente pareceu muito sensibilizado, aceitou a proposta mas não conseguiu acrescentar grande coisa. O resultado desta intervenção viria a revelar-se só na sessão seguinte. Com efeito, a atitude do paciente mudou completamente. Este homem maduro, alto, rígido, autoritário e desajeitado deu lugar a uma imagem de criança tímida e sensível. Confessou-se muito perturbado com a última sessão e reconheceu ser bem verdade ter medo de envelhecer. Em seguida, começou a falar descontraidamente e, pela primeira, falou na sua hipersensibilidade: «Tenho de a esconder porque me sinto desvalorizado!»

As sessões seguintes deram-lhe a possibilidade de se aperceber melhor de que, não só ocultava a sua sensibilidade, como também refreava todos os seus impulsos combativos, escamoteando-os constantemente com movimentos agressivos. Conseguiu falar espontaneamente da relação com a mãe que o culpabilizava permanentemente e também da sua pena de não ter podido dialogar o suficiente com o pai, médico e demasiadas vezes ausente. Foi-lhe possível, pela primeira vez, entrar em conflito aberto com a mulher, bem como conversar mais francamente com ela.

Pouco a pouco, reencontrou o seu desejo sexual e também uma sensação nova de liberdade. As últimas sessões recordaram-lhe a ocasião em que saíra de casa dos pais e as dificuldades que tivera para se libertar da mãe. Comparou espontaneamente o fim do tratamento com uma segunda crise da adolescência... Falou também da sua dependência em relação ao terapeuta. Quis até prolongar o tratamento por receio de recaída e o terapeuta fez-lhe ver que se tratava do desejo de manter um vínculo para provar quanto apreciava a ajuda recebida. Lembrou-lhe então que o mesmo se tinha passado com a mãe: «Deixar alguém é magoá-lo muito, quando afinal o próprio já sofre bastante.» O paciente aceitou aliviado esta interpretação e ficou marcada uma sessão para quatro meses mais tarde para avaliar os resultados. Regressou, encantado por ter conseguido resolver muitos dos seus problemas. Tinha voltado a uma vida sexual harmoniosa com a mulher e conseguia, finalmente, dialogar abertamente com ela. No emprego, estava também muito mais à vontade. Já perdera o medo de envelhecer prematuramente e aceitava a idade.

Esta terapia sugere, sem dúvida, muitos comentários, mas limitar-nos-emos a salientar alguns elementos que nos parecem essenciais.

Em primeiro lugar, a hipótese psicodinâmica foi escolhida, não em função do *sintoma* – a impotência sexual – mas sim em função de uma situação real e vivida: o sentimento, aos 45 anos, de estar a envelhecer. O sintoma da impotência estava provavelmente relacionado com pulsões agressivas inconscientes, mas parecia quase impossível aceder a elas por esse caminho. Em contrapartida, ao abordar-se a angústia actual, angústia refreada por um controlo de todas as emoções, a situação alterou-se completamente. O paciente associou espontaneamente os seus problemas presentes com o passado, tornou-se mais flexível e o sintoma desapareceu. Mas o mais interessante aqui talvez não seja tanto o desaparecimento do sintoma, mas sim o facto de o paciente ter modificado o seu comportamento global, adoptando um sentido progressivo!

Este exemplo revela a oportunidade de avaliar a importância que pode ter para o paciente o momento em que vai à consulta, o momento em que torna efectivo o seu pedido de ajuda recorrendo ao psicoterapeuta.

Foi com base neste género de observação que desenvolvemos a técnica de investigação psicodinâmica breve (IPB) descrita no nosso trabalho anterior (1996). Voltaremos a ela no capítulo 10.

Finalmente, para concluirmos os nossos comentários sobre o momento da consulta, descreveremos em algumas linhas a posição do terapeuta. Com efeito, não esqueçamos que, numa sessão, há pessoa que procura outra e a que a recebe. E, sem querer alongar-nos, temos de reconhecer que um terapeuta capaz de identificar rápida e adequadamente a problemática do paciente tem na verdade mais hipóteses de lhe ser útil, desde que saiba utilizar o que compreendeu. Neste percurso, e porque a sua perspicácia ira ser estimulada, o dispositivo temporal oferece uma ajuda apreciável. O caso do Sr. H. pode servir novamente de exemplo.

Exemplo 2 (continuação)

Na terceira sessão e tal como nas anteriores, o terapeuta começou por ouvir o paciente. Mas, de repente, apercebeu-se de que se aborrecia e isso estimulou-o. Pensou então que não era possível prosseguir dessa forma e que qualquer coisa tinha de mudar muito rapidamente. Sentia que, caso isso não acontecesse, estaria a envolver-se numa relação interminável. E foi só nessa altura que se lembrou das primeiras sessões e do que o paciente dissera. A problemática actual revelara-se de repente com muito mais clareza. Em suma, o terapeuta fixara praticamente um termo para o tratamento antes mesmo de compreender, mas tudo se passara como se o facto de limitar a terapia tivesse permitido identificar os problemas com mais acuidade. Ou seja, trabalhar na perspectiva de obter um resultado rápido torna-o sem dúvida mais activo, mas também apura a percepção! Não são, pois, apenas as capacidades do terapeuta que contam no acolhimento dos pacientes, mas também o estado de espírito em que este acontecimento se dá.

Ao abordar as modalidades segundo as quais se desenrola a primeira sessão somos muito naturalmente levados a debruçar-nos sobre a questão de saber quando é que é conveniente delimitar a terapia logo de início (e de o comunicar ao paciente). Analisemos este aspecto no que diz respeito à duração.

A duração do tratamento: psicoterapias com limite de tempo e psicoterapias sem prazo limitado

O ser humano utiliza pontos de referência para se situar em relação ao tempo. J.-S. Kafka, já citado, realizou a seguinte experiência que, segundo afirma, fornece indicações pertinentes sobre a integração da experiência do tempo e do sentido da sua continuidade na situação psicanalítica. Sem revelar que se trata de uma experiência, colocou alguns sujeitos numa situação em que a obscuridade total alternava com períodos de fraca luminosidade. Pediu-lhes em seguida que avaliassem a duração desses períodos. Este estudo demonstrou que, para além de o valor subjectivo atribuído ao tempo depender fortemente do humor do momento (sabemos bem como o tempo parece longo quando nos aborrecemos e breve nos momentos de prazer, mesmo quando se tem a noção das horas), os depressivos tendem a utilizar a obscuridade como referência temporal, baseando-se nesses períodos sem luz para calcular os restantes. Para estes sujeitos, a duração dos períodos de obscuridade era sempre exagerada; em contrapartida, a dos períodos luminosos era abreviada. Daí resultava que a duração global era correctamente avaliada. Tudo se passava, conclui Kafka, como se esses sujeitos se apercebessem inconscientemente da sua tendência para deformar as coisas e corrigissem dessa forma as suas percepções erradas. Fica por esclarecer a questão de saber onde reside a deformação: na prevalência atribuída à obscuridade enquanto tal ou no exagero da sua duração? Estará, além disso, esta deformação relacionada com o humor do momento ou com a personalidade depressiva? No que se refere mais particularmente à nossa área, todos os psicanalistas conhecem a capacidade dos pacientes de prever o termo da sessão, às vezes sem se aperceberem, a partir de múltiplos pontos de referência, isto é, pequenos gestos involuntários do analista, variação de luminosidade no consultório, ruídos do exterior, etc. Tudo isto prova que o homem tem uma profunda necessidade de se situar no tempo e que, para isso, toma como referência dados da realidade material ao seu alcance (estado fisiológico, acontecimentos externos). Quanto a isto, admitimos com Freud que a temporalidade é da ordem dos processos conscientes.

A propósito do nosso primeiro exemplo, o do paciente demasiado complacente, falamos da questão da temporalidade na relação transferência/contratransferência e mostramos a dificuldade que paciente e terapeuta podem experimentar em sintonizar os seus «relógios» internos. Há agora que examinar a questão mais específica das psicoterapias breves, a da delimitação, desde o início, da duração do tratamento. Delimitar a duração de uma psicoterapia remete, desde logo, o paciente para a *realidade da separação*. Confronta-o com o facto de que o psicoterapeuta não estará sempre ali à sua disposição e que deverá tratar de si próprio.

A maioria dos autores considera essencial informar imediatamente todos os pacientes susceptíveis de seguirem uma psicoterapia breve de que a duração do tratamento será curta. Como vimos, alguns definem claramente uma data limite; outros, um número de sessões; outros ainda indicam uma duração aproximada. Mas todos previnem logo de início de que o tratamento será curto.

Uma breve explicação sobre o tempo subjectivo das diferentes organizações de personalidade permitirá entender a razão pela qual renunciamos à aplicação deste procedimento nalguns casos, não excluindo, no entanto, a ideia do tratamento breve.

No tocante ao valor subjectivo atribuído ao tempo, a primeira dimensão a intervir e a que está sujeita a variações, dimensão flutuante que depende do humor do momento (a nossa percepção do tempo pode mudar consideravelmente em função do contexto emocional). Uma segunda dimensão, mais estável, prende-se com a organização de personalidade.

Referimo-nos, há pouco, ao tempo caótico do esquizofrénico ou ao tempo constrangedor do obsessivo. Podemos então situar os diferentes modos de organização mental numa escala que vai da não integração da temporalidade (psicótica) à omnipresença do tempo (obsessivo), passando pela dificuldade que as personalidades narcísicas têm de viver no presente.

Este aspecto da relação do sujeito com o tempo, de que aqui falaremos, tem a ver com o significado que lhe é dado, significado esse que está estreitamente relacionado com a organização da personalidade.

Voltando ao exemplo dos pacientes em psicanálise que conseguem, na sua grande maioria, antecipar o momento do termo das sessões, podemos verificar que nem todos adoptam o mesmo comportamento. Uns calam-se um ou dois minutos antes do fim da sessão; outros organizam o seu discurso de forma a terminar à hora certa; outros ainda começam a falar com volubilidade, etc. Todas estas atitudes são ditadas pelo significado de que se reveste o tempo para os sujeitos e esse significado depende do modo de funcionamento mental. Para uns, as sessões são sempre demasiado curtas; para outros, longas de mais; para outros ainda, duram o tempo necessário, etc.

Organização da Personalidade e Temporalidade

Psicoses

Uso fragmentado do tempo – Curso do tempo interrompido.
O tempo é descontínuo e reversível.
Organização cronológica perturbada.

- *Esquizofrenia:* actividade de antecipação alterada
Ausência da noção de duração.
A relação dinâmica entre passado, presente e futuro está alterada.
O passado, o presente e o futuro não estão integrados numa dimensão histórica, contingente à existência do sujeito.
A capacidade de projectar o futuro está diminuída; o futuro é visto como um destino preestabelecido em relação ao qual o sujeito sente não existir margem de manobra.
A construção do futuro está comprometida pela diminuição da capacidade de antecipação.

- *Paranóia:* tempo contado, paralisado
Tudo tem de estar previsto (tentativas de controlar os riscos de surpresas).
Necessidade de viver na predeterminação do futuro, o que obriga o sujeito a pesquisar, a antecipar.
(Cf. «pré-ciência» do paranóide que prediz as catástrofes; cf. também as profecias dos delirantes interpretativos.)

- *Mania:* possibilidade eterna de recomeço
Negação do passado, na qual assenta a convicção de que se pode recomeçar do zero, recomeçar uma nova vida, renascer no decurso da existência.

Pré-psicose

Sentimento de eternidade.
O tempo não tem interrupções.
Qualquer ruptura temporal é vivida como uma catástrofe.

Estado-limite *(borderline)*

Não existe temporização.
Necessidade de gratificação imediata: «agora ou nunca».
Intolerância aos atrasos.

Perversão

Desenrolar do tempo erotizado.
Prazer na repetição de esquemas idênticos que conduzem a uma espécie de circularidade do tempo.

Narcísica
Dificuldade em viver no presente.
Prefere viver no passado ou no futuro.
Vive no «temporário» (receio de estagnar). Dificuldade em situar-se no tempo.

Neuroses
Organização temporal correcta.
As três dimensões temporais (passado, presente e futuro) são reconhecidas, bem identificadas e coordenadas numa interacção dinâmica. No entanto, de uma forma geral, o neurótico vira as costas ao futuro e interpreta-o em função do passado.
Noção de evolução, de duração, de tempo linear, de continuidade sequencial.
Os «cortes» temporais (partidas, horários, etc.) são sentidos como uma castração: consciência dos limites:
– obsessivo: encenações repetitivas;
– fóbico: fuga ao presente através de uma actividade contínua;
– histérico: antecipação erotizada (em função do passado) do efeito que terá em outrem.

O facto de se saber que a noção de tempo do paciente está subordinada à sua organização psíquica permite antever a maneira como ele reagirá ao estabelecimento de um limite para a duração do tratamento, bem como determinar o momento adequado dessa delimitação (estruturas neuróticas, mais especialmente), quando é preferível não impor limites (estados-limite) e quando é inútil fazê-lo (psicóticos), tudo isto no sentido de adoptar o enquadramento mais adequado a psicoterapia.

Conclusão

O conjunto das considerações precedentes permite inferir que é útil delimitar logo de início a psicoterapia no que respeita à generalidade das organizações neuróticas, nas personalidades narcísicas e, em certa medida, nas personalidades pré-psicóticas. Em todos estes casos, a delimitação temporal acelerará o processo, aumentando a tensão emocional e estimulando a elaboração da transferência (tónica posta no presente). Em contrapartida, com os pacientes *borderline,* serão mais eficazes as intervenções na crise, na medida em que estes sujeitos são rápidos na reformulação do seu sistema de defesa e apoiar-se-ão numa transferência idealizada para evitar a mudança.

Por outro lado, no caso das personalidades marcadamente dependentes, é, em geral, muito mais eficaz aumentar desde o início a frequência das sessões, sem fixar o termo do tratamento, o que contraria as ideias geralmente aceites que reflectem muitas vezes o receio do psicoterapeuta em envolver-se num processo interminável. De facto, os pacientes dependentes esperam ser rejeitados e, em consequência, consideram a fixação prévia de um prazo como uma prova da intolerância do terapeuta. Não fixar limites produz um efeito de surpresa que favorece a elaboração.

9 | DO DIVÃ PARA O SOFÁ

É inegável que as variações do dispositivo têm uma influência muito precisa na relação intersubjectiva. E são essas variações que permitem uma melhor avaliação do alcance do dispositivo. Podemos, com efeito, considerar a psicoterapia como um processo circular entre dois interlocutores que, num contexto específico, se influenciam mutuamente.

Os efeitos em causa passam por diversos canais (canais de comunicação) que esquematizamos na figura 9.1. Assim, vemos que:

- o contexto influencia quer o paciente quer o terapeuta;
- há dois canais principais de comunicação, verbal e não verbal (percepção visual);
- o canal perceptivo é mais reduzido do que o da verbalização;
- as associações provêm de duas fontes principais, a influência das associações do paciente e um conjunto de factores pessoais (contratransferência, técnica, etc.).

Lembremos, desde já, que as alterações de parâmetros, ao contrário do que geralmente se supõe, têm influência sobre os *dois* interlocutores da psicoterapia. Tanto dizem respeito ao terapeuta como ao paciente e só um observador exterior poderá ter a visão de conjunto de ambos. Ignorar este fenómeno pode provocar inúmeros equívocos. Assim, o que o terapeuta vê é o seu paciente, de frente, de perfil, sentado ou deitado, e apenas parte do enquadramento ambiental (decoração do gabinete, etc.). Pelo seu lado, o que o paciente vê é eventualmente o rosto do terapeuta e parte da decoração, parte essa que aliás não é exactamente a mesma que o terapeuta vê.

Isto cria uma dinâmica em que tanto o terapeuta como o paciente estão de certa forma sob uma influência exterior a ambos, na medida em que trabalham,

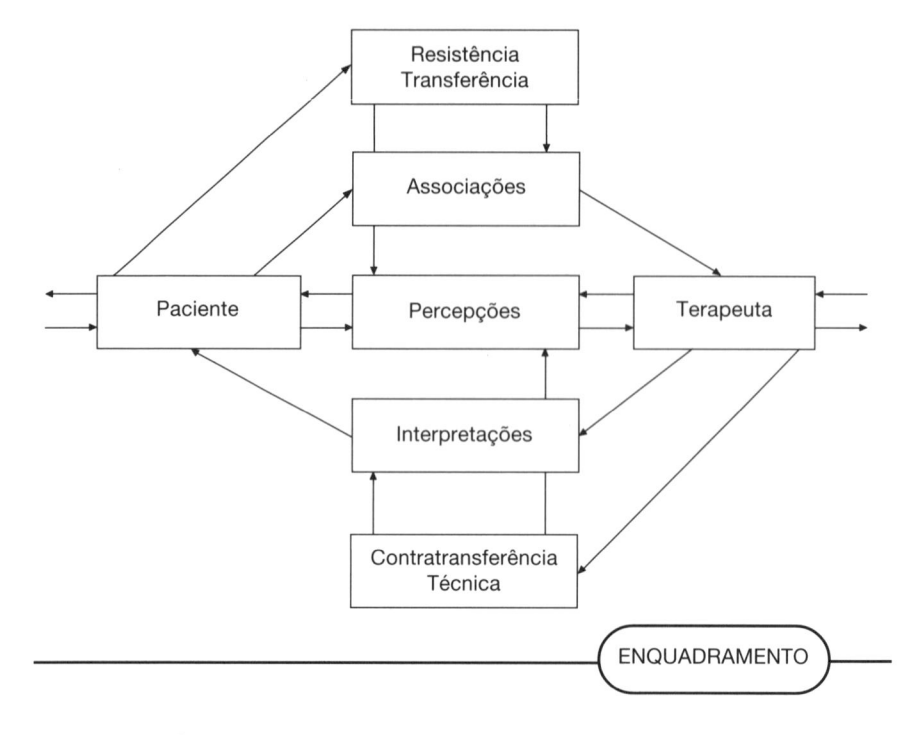

Figura 9.1. [Fonte: E. Gilliéron (1983), *Aux confins de la psychanalyse*, Paris, Payot.]

um e outro, em condições que lhes escapam parcialmente. É por essa razão que um observador neutro tem em geral uma visão de conjunto mais correcta da situação de transferência/contratrasnferência do que a dos próprios intervenientes.

A fim de que possamos apreender melhor este processo, analisemos a principal consequência da passagem para o face a face, comparando-a com o dispositivo psicanalítico.

Parâmetros não verbais de uma relação afectiva

Podemos afirmar que as repercussões da passagem para o face a face são significativas, pois às comunicações verbais somam-se todas as transacções não verbais. Sabemos que a dimensão não verbal é de extrema importância em psicoterapia, razão pela qual pensamos que as técnicas que a ignoram correm grandes riscos de perder em eficácia. Estamos actualmente a estudar este aspecto, com base em gravações vídeo de sessões de psicoterapia (De Rotten *et al.*, 1996).

Podemos considerar a relação psicoterapêutica baseada no face a face como sendo a relação entre dois sujeitos em interacção afectiva, em que as emoções e as sensações de ambos podem manifestar-se através de sinais expressivos susceptíveis de influenciar cada um dos interlocutores. A. E. Sheflen (1981) distingue as seguintes manifestações:

1. Comportamentos vocais: paralinguísticos.
2. Comportamentos cinésicos
   – movimentos corporais, incluindo a expressão facial;
   – elementos do sistema neurovegetativo (rubores, suores, dilatação da pupila, etc.);
   – posturas;
   – ruídos corporais.
3. Comportamentos tácteis.
4. Comportamentos territoriais.
5. Outros comportamentos comunicativos (emissão de odores, por exemplo).
6. Comportamentos relativos ao vestuário, cosmética, ornamentos, etc.

Todos estes comportamentos que acompanham o discurso influenciam bastante os interlocutores, na medida em que, ao invés das palavras, não permitem nem o raciocínio nem o estabelecimento de uma relação de causalidade nem a designação de um elo temporal. As percepções visuais são directas, unívocas e têm todas as características do processo primário descrito por Freud.

As mensagens não verbais coordenam, pois, os estados afectivos dos interlocutores, tal como o demonstraram algumas investigações sobre as interacções não verbais em situação natural (Fivaz). Resumindo, múltiplos sinais, quer sociais quer emocionais, «dirigem e situam a conversação e através deles os interlocutores exprimem e ao mesmo tempo exibem determinado afecto. A sua função consiste na coordenação dos interlocutores em dois níveis distintos, social [...] e intersubjectivo» (Currat, 1997).

O face a face em psicoterapia

Demonstramos que em psicoterapia há uma estreita ligação entre a evolução da relação terapêutica e as transacções não verbais. Assim, é de notar que muitos dos sorrisos do psicoterapeuta têm a função de enquadrar a interpretação verbalizada. É como se o psicoterapeuta dissesse: «Vou provocar em si um estado de ansiedade, mas confirmo-lhe que não nos vamos zangar!» (Currat, 1997).

Parece, pois, indispensável interrogarmo-nos sobre o alcance da passagem ao face a face na relação psicoterapêutica.

EXEMPLO

Durante uma sessão, a paciente diz ao terapeuta: «Você está bronzeado hoje. Foi esquiar?» Na situação face a face, o terapeuta tenderá a interpretar esta intervenção como um ruído proveniente de uma percepção da paciente, certa ou errada, na medida em que o terapeuta sabe que está a vê-lo nesse instante. Se o terapeuta não estiver de muito bom humor, pensará que a paciente está a «projectar» as suas próprias emoções. Mas se a observação da paciente coincidir com os sentimentos do terapeuta, este terá a impressão de que ela «apreendeu» a realidade, o que não é de modo algum garantido e vem complicar muito as coisas. Este fenómeno dá-se muito menos na situação de divã-poltrona, em que o analisando se dirige ao analista quase sempre no «pretérito». A frase «Você está bronzeado hoje...» apenas poderia provir de uma impressão fugaz deixada no momento da entrada, impressão não confirmável depois. A dimensão do imaginário torna-se muito mais nítida para os dois interlocutores. Ambos sabem tratar-se de uma imagem retida na memória do paciente, visto que o controlo perceptivo nesse momento já não é possível. O que acontece à realidade? Não se sabe. É a imersão total na subjectividade.

No que diz respeito aos movimentos transferenciais em psicoterapia, o paciente alimenta por vezes a ilusão de que aquilo de que fala corresponde à realidade presente, uma vez que está a ver nesse mesmo momento o rosto do psicoterapeuta. Ficará, por isso, com a impressão de estar a falar dos sentimentos e da vida interna deste último. Em análise, pelo contrário, a dúvida subsistiria. Pelo seu lado, o psicoterapeuta é muitas vezes impelido a responder na realidade: «Sim, estive na montanha.» Talvez até acrescente: «Que efeito provoca isso em si?» quando a resposta adequada deveria ser: «Porque é que isso chamou a sua atenção hoje?» Com efeito, a questão não está em saber o que sente o paciente relativamente às diversões do psicoterapeuta, mas sim perceber a razão pela qual, nesse preciso momento, o paciente sentiu necessidade de abordar esse tema.

Este fenómeno acelera consideravelmente as transacções afectivas na psicoterapia e desencadeia, tanto no terapeuta como no paciente, movimentos de resistência intensa que podem permanecer completamente inconscientes para os dois. Estas resistências devem-se ao facto de que ambos tendem a confundir fantasmas e realidade. Podemos dizer que o tempo da psicoterapia é o presente e o da psicanálise é o *passado*. O acesso às imagens, às ideias, ao mundo interno, tanto do analista como do paciente, é muito mais árduo em psicoterapia do que em psicanálise, em que o imediatismo das transacções é muito menor.

A situação analítica, para além da ausência do objecto visível, mobiliza as reminiscências e os mecanismos de defesa são dirigidos contra o seu reaparecimento, enquanto o face a face mobiliza todos os mecanismos de actualização das pulsões. Os mecanismos de defesa são dirigidos contra a tendência para actualizar, executar ou manifestar no presente certas pulsões, para exprimir desejos actuais, etc.

Em psicanálise, o sujeito transfere para o actual algo do passado para de certa forma não ver esse passado. No face a face, o sujeito transfere para não ver a realidade do outro. Recusa, em especial, a função terapêutica; o impulso para o *acting out* é mais forte.

Em psicanálise, o sujeito reconstrói o objecto a partir do seu mundo interno. No face a face, o sujeito gostaria que o objecto real correspondesse ao seu mundo interno.

O conjunto destes fenómenos tem a ver com a duplicação dos canais de comunicação em psicoterapia. Em psicanálise, é essencialmente a palavra que transporta as mensagens do paciente até ao terapeuta. Em psicoterapia, o verbo não é o único meio de comunicação; bem pelo contrário, existe toda uma categoria de mensagens não verbais transmitidas pela mímica, pelos movimentos involuntários ou voluntários por vezes, de ambos os interlocutores, que inflectem consideravelmente as relações. Estas comunicações são extremamente directas, imediatas e muito pouco controláveis, o que potencia extraordinariamente as transacções. Mas, em consequência, o terapeuta e o paciente tenderão também a erguer barreiras inconscientes contra essas transacções cuja intensidade se torna angustiante. Comparamos a psicanálise a uma transacção da ordem da epopeia em que o sujeito narra toda uma história de grandes feitos da qual ele é protagonista. Em contrapartida, a psicoterapia é comparável ao que se passa num palco, em que as transacções são simultaneamente verbais e não verbais, logo mais imediatas, mais dramatizadas.

O face a face aumenta de tal modo a implicação mútua do terapeuta e do paciente que se torna mais difícil para ambos distinguir transferência e realidade. A utilização da técnica do face a face, que coloca o terapeuta no campo de visão do paciente, cria um novo campo terapêutico em que a relação *pessoa a pessoa* parece desempenhar um papel fundamental. Esta última situação deixa assim menos espaço ao imaginário do paciente. Como este último pode ver o seu terapeuta, tenderá a julgar que o conhece, o que reduz o campo fantasmático. Este facto poderia explicar inúmeras reacções hostis às psicoterapias: reacções contratransferenciais defensivas provocadas pelo receio inconsciente do *acting out*. Com efeito, se por um lado o face a face conduz a uma confusão entre os fantasmas inconscientes do paciente e a realidade intrapsíquica do terapeuta, por outro, não obstante a sua própria análise didáctica, este último fica, também ele, menos apto para distinguir os seus próprios sentimentos daqueles que são activados pelos desejos inconscientes do paciente.

O exemplo anterior ilustra a importância do dispositivo e a diferença fundamental que existe entre os movimentos transferenciais tal como surgem no divã ou no face a face. Na relação divã/poltrona, quer o paciente quer o terapeuta falam de uma recordação: o afecto pode estar presente, mas a representação fundada numa percepção provém claramente do passado, como, por exemplo, do que o paciente viu quando entrou mas que presentemente já não pode ver. No face a face, paciente e terapeuta podem julgar estar a falar de algo que ocorre naquele instante e local: o paciente vê o rosto do terapeuta e um e outro podem acreditar que aquela percepção é correcta. Uma das dificuldades principais da psicoterapia é, pois, o risco constante de se confundir fantasmas e realidade. Dir-se-ia, em rigor, que se trata de uma confusão por parte do paciente e do terapeuta entre o mundo interno próprio e o do outro. O que pode provocar no terapeuta o receio inconsciente de perder a sua função interpretativa.

10 | A INVESTIGAÇÃO PSICODINÂMICA BREVE
A técnica das quatro sessões

O procedimento da investigação psicodinâmica breve (IPB) está descrito em pormenor numa das nossas obras anteriores (1996). Recordaremos aqui apenas os princípios fundamentais respeitantes à construção da hipótese psicodinâmica, assim como a indicação ou contra-indicação de optar por uma psicoterapia de inspiração psicanalítica *stricto sensu* após a quarta sessão ou a decisão, se for caso disso, de escolher uma outra forma de tratamento combinado.

A construção da hipótese psicodinâmica

A construção da hipótese psicodinâmica tem por objectivo definir, de acordo com o paciente, a natureza da mudança psíquica susceptível de ser realizada e os meios mais apropriados para o fazer.

Baseia-se na relação dinâmica que se estabelece, desde os primeiros segundos, entre terapeuta e paciente, de acordo com o modelo de anamnese associativa descrita na obra acima citada, bem como na elaboração de uma interpretação inicial verbalizada ou traduzida pela maneira de prescrever o tratamento, seja ele psicofarmacológico ou outro. Espera-se deste procedimento o reforço da aliança terapêutica ou a resolução da crise que levou o cliente à consulta.

Os quadros das páginas seguintes resumem este procedimento.

Exemplo *(Barbie)*

Primeiro contacto (telefónico)

Uma mulher jovem telefona a marcar uma consulta. Apresenta-se nos seguintes termos: «Chamo-me Juliette. Não tenho grandes problemas, mas gostaria

CONSTRUÇÃO DA HIPÓTESE PSICODINÂMICA

Objectivo
1. Apreciar a natureza da mudança psíquica susceptível de ser operada.
2. Determinar os meios susceptíveis de conduzir à mudança.
3. Estabelecer uma aliança terapêutica.

Técnica IPB: – Anamnese associativa (Deutsch).
– Interpretação inicial.

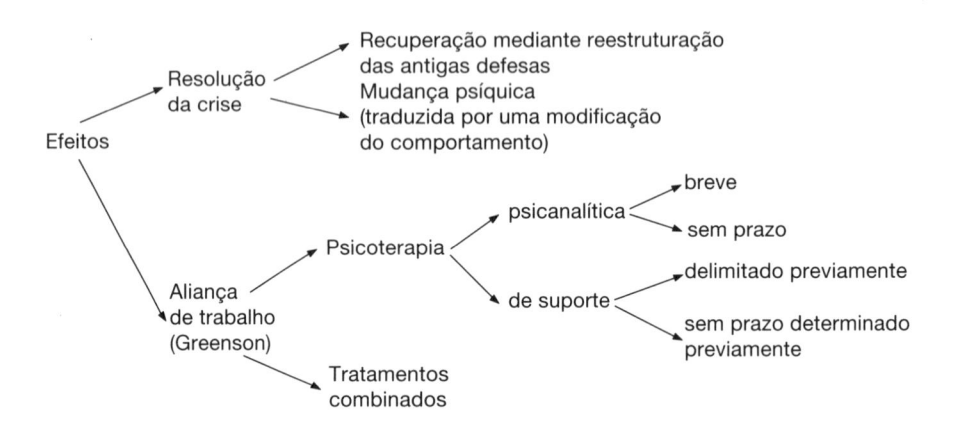

Efeitos
- Resolução da crise
  - Recuperação mediante reestruturação das antigas defesas
  - Mudança psíquica (traduzida por uma modificação do comportamento)
- Aliança de trabalho (Greenson)
  - Psicoterapia
    - psicanalítica
      - breve
      - sem prazo
    - de suporte
      - delimitado previamente
      - sem prazo determinado previamente
  - Tratamentos combinados

PRINCÍPIOS

Estes princípios baseiam-se na função organizadora do enquadramento.

- Estudo do comportamento do paciente em relação ao enquadramento inicial.
- Diagnóstico da organização de personalidade.
- Diagnóstico da crise actual.
- Relação com o passado do sujeito: princípio de repetição → crise = impossibilidade de repetir os comportamentos antigos.

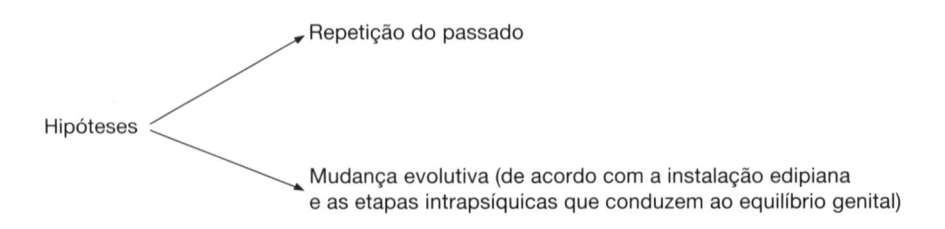

Hipóteses
- Repetição do passado
- Mudança evolutiva (de acordo com a instalação edipiana e as etapas intrapsíquicas que conduzem ao equilíbrio genital)

HIPÓTESE PSICODINÂMICA

1. Pré-transferência: relação procurada e recusada pelo paciente (contradição relacional).

   Exemplos de contradição:
   – entre o dizer e o fazer;
   – no interior da própria linguagem;
   – entre o tom e a palavra; etc.

2. Crise actual: conflito intrapsíquico decorrente de acontecimentos actuais com que o paciente se confronta.
3. Relação com o passado
   Interpretação mutativa: relação equilíbrio/mudança

INTERPRETAÇÃO

- Restrição aos *factos* e às *palavras* do paciente, sem nada «inventar».
- Reorganizar o «material» fornecido pelo paciente com o fim de identificar o conflito intrapsíquico aparente.
- Confrontar o paciente com as suas contradições consideradas conflito interno.
- Tornar claro que:
  – um dos elementos da alternativa é a repetição do passado;
  – o outro elemento é a mudança psíquica.

---

de marcar uma consulta. Há algum tempo, tenho momentos em que me sinto agressiva e outros em que fico deprimida.» Sem fazer perguntas, o psicoterapeuta aceita recebê-la.

Análise

Antes de receber esta paciente, o psicoterapeuta dispõe já de algumas informações importantes:

- A voz da paciente é jovem.
- A paciente diz o nome próprio e não o apelido.
- Logo à partida, a paciente frisa que «não tem grandes problemas», o que denota alguma tendência para minimizar o seu sofrimento. Será por receio de que o próprio terapeuta o faça ou, pelo contrário, que os leve demasiado a sério?

Temer que o terapeuta minimize os problemas significaria que ela pretende adiantar-se para não se sentir rejeitada (angústia do abandono). Em contrapartida, recear que o psicoterapeuta leve demasiado a sério o seu sofrimento significa que tem medo de revelar uma fraqueza (angústia narcísica). Para além disso, a voz é jovem e a paciente só indica o nome próprio, o que pode revelar alguma imaturidade.

Logo à partida, sabemos portanto que é pouco provável que a paciente sofra de dificuldades causadas por sentimentos de culpa mas que os seus problemas são de natureza anaclítica. Segundo a classificação de Bergeret, estamos provavelmente perante um «estado-limite», tanto mais que os sintomas são de ordem «disfórica» (mistura de irritabilidade e tristeza).

Primeiro encontro

- *Na sala de espera*. Ao vê-la, o psicoterapeuta fica surpreendido com a aparência da paciente; é muito bonita, tem cabelos loiros e compridos e veste calças vermelho-vivas e colete preto. O todo é demasiado perfeito e pouco natural: parece-se com a boneca *Barbie*. Em geral, esta perfeição algo artificial traduz uma problemática narcísica, que convirá analisar. Para além disso, o contraste entre a idade aparente e a real (parece ter 20 anos, mas tem 31) traduz uma certa imaturidade.
- *No consultório*. A atitude desta mulher revela-se quase familiar, demasiado próxima, o que revela uma certa dificuldade em manter a distância relacional apropriada a este género de circunstâncias. Parece confundir o psicoterapeuta com um amigo ou um membro da família.

Análise

Nesta altura, dispomos das seguintes informações importantes:

1. A paciente apresenta-se pelo nome próprio, como o faria uma criança (ao telefone).
2. Minimiza as suas dificuldades (ao telefone).
3. Exibe uma fachada «demasiado» perfeita (na sala de espera).
4. Parece francamente mais nova do que é (na sala de espera).
5. Não respeita a distância adequada (primeiro contacto no consultório).

Estamos, portanto, perante uma pessoa que tem tendência a *negar as suas falhas* (minimização e fachada perfeita) e que parece um pouco imatura (idade aparente, na ausência de distância e nome próprio).

O conjunto destas observações remete-nos imediatamente para uma personalidade que poderemos classificar de infantil ou de «imaturidade afectiva global». Teremos de verificar a validade desta primeira hipótese durante a sessão.

Essa verificação far-se-á com base na natureza dos conflitos com que esta paciente se tenha confrontado ao longo da sua vida, conflitos que despertem frustrações infantis. Essa frustrações serão provavelmente a expressão clara de componente pulsionais primárias.

Sessão

À primeira pergunta, bastante aberta, a paciente responde: «Estou cada vez mais preocupada porque me sinto vazia há algum tempo. Aborreço-me e sinto-me vazia. Brigo constantemente com o meu namorado, provoco-o e atiro--lhe coisas à cabeça. Ele acaba por se enervar, bate-me e eu saio de casa e volto para casa dos meus pais. Depois, começa tudo de novo.»

Análise

Este discurso, que traduz nitidamente uma intolerância às frustrações e à incapacidade de viver só, não contradiz a nossa hipótese e a natureza do comportamento (atirar objectos à cabeça de outrem, sair impulsivamente e voltar) é semelhante a um comportamento infantil. Há, portanto, que o relacionar com a infância da paciente, partindo da hipótese de que foi excessivamente mimada pelos pais e não aprendeu a crescer. Este é sobretudo o caso de crianças que receberam muitos presentes mas gozaram pouco a presença dos pais e tiveram uma noção reduzida dos limites; estes últimos não funcionaram como pontos de referência.

Terapeuta: Quer falar-me dos seus pais?
Paciente: O meu pai tem 73 anos. É proprietário de uma importante cadeia de lojas de produtos alimentares. Nunca me recusou nada mas tudo se resolvia com dinheiro e com presentes. Quase nunca o via. A minha mãe é muito mais nova do que ele; admira-o, é submissa e ansiosa. Não podíamos contar com ela.

Ficámos depois a saber que esta mulher tem tido, desde a adolescência, uma vida sentimental aparentemente movimentada. Ligou-se, às escondidas dos pais, a um jovem toxicodependente, o qual pretendia ajudar. Mas, quando ele aceitou tratar-se e renunciou à toxicodependência, ela começou a aborrecer-se e rompeu com ele. Teve outras ligações, todas do mesmo tipo, com homens dependentes e instáveis que provocava traindo-os, ao ponto de eles lhe baterem. Um ano ou dois depois, deixava-os. Este comportamento reflectia bem a impossibilidade de estabelecer uma relação de objecto estável. A ligação actual, que dura já há cerca de dois anos, é a primeira que mantém com um homem estável, bem adaptado e com uma excelente profissão. Está apaixonado por ela, é paciente, mas... ela aborrece-se e provoca-o constantemente. A grande diferença entre esta relação e as anteriores reside no facto de ela não querer trair o namorado. Das outras vezes, achava divertido seduzir outros homens e contar as suas aventuras ao namorado que tivesse na altura, o que não era agradável e provocava grandes brigas domésticas.

Comentário

De facto, toda a história sentimental da paciente torna bem evidente uma forte componente infantil da personalidade. A hipótese de base parece portanto confirmada. Há agora que construir a hipótese psicodinâmica da qual partirá a interpretação inicial. Esta hipótese deve:

1.º explicar a crise actual vivida pela paciente;
2.º explicar as motivações que a levantam à consulta, isto é, o conflito que ela não consegue superar.

Para construir esta hipótese, baseamo-nos na natureza da organização de personalidade, bem como no tipo de defesas que, de acordo com a teoria, estiverem enfraquecidas ao ponto de provocar a angústia da paciente e de a impelir a recorrer ao terapeuta. No caso da nossa paciente, o que estava a perturbá-la e despertava a angústia era um dado novo que estava a *pôr em causa o seu sistema*, obrigando-a a crescer.

O mecanismo de perversão consiste, como se sabe, em aniquilar a diferença entre os sexos e, sobretudo, toda a diferença entre os papéis desempenhados. As únicas relações reconhecidas como tal são as sadomasochistas, um aspecto que o percurso desta paciente ilustra até muito bem.

Vimos que no caso presente foi esboçada uma mudança há dois anos, no momento em que a paciente iniciou a sua última ligação: a relação é segura e não é regida pelo sadomasochismo de outrora. Alguma coisa se passou e apresenta as características seguintes:

– desaparecimento da negação relativa à representação da diferença entre os sexos (ou negação da diferença de papéis);
– frustração da omnipotência infantil.

Trata-se então de descobrir a personagem que, muito provavelmente, é o agente deste processo e que está a alimentá-lo. A resposta é muito fácil: quem, a não ser o *pai*, estará em condições de satisfazer todos os caprichos da paciente e de a tratar como trata a própria esposa?

Alguma coisa deve ter sucedido ao pai. Com 73 anos, é provável que a sua saúde vacile e que não possa satisfazer os desejos da filha como antes.

Terapeuta: Como está o seu pai actualmente?
Paciente: Oh, reformou-se há quase três anos. Sofre de uma doença cardíaca e foi obrigado a reduzir drasticamente as suas actividades.

Portanto, a hipótese psicodinâmica confirma-se e podemos então formular a interpretação inicial.

Psicoterapeuta: Até há muito pouco tempo e como me contou, você foi tratada como uma criança mimada a quem eram satisfeitos todos os caprichos. Recebeu muitos presentes mas, em contrapartida, fez-lhe falta a presença do seu pai. Sem se dar conta, você vingou-se provavelmente na maior parte dos homens aos quais se ligou, provocou-os e traiu-os, sem que isso a satisfizesse totalmente. O que acontece é que o que lhe interessava a si era vingar-se da ausência do seu pai. Mas não resultou. A doença dele e a reforma alteraram a situação. Você sentiu a necessidade de uma relação mais estável e foi por isso que se ligou ao seu amigo advogado. Você pode contar com a presença dele, mas não sabe como agir. Não pode continuar a ser a criança mimada de antigamente, mas invade-a uma sensação de perda e desorientação. Não sabe que fazer e isso angustia-a.

Esta interpretação é dada à paciente em vários segmentos, deixando-lhe entre cada um deles a possibilidade de responder. Esta mostrou-se sensibilizada e, na sessão seguinte, referiu-se sobretudo à sensação de vazio que tinha em casa dos pais, vazio que actualmente não sabia como colmatar.

A partir desta altura convém saber se a paciente está apta para enfrentar as suas angústias de castração, isto é, verificar se a desvinculação se mantém ou se irá procurar no terapeuta o apoio da figura paterna para evoluir na direcção desejada. Em ambos os casos, poderá estabelecer ou manter um vínculo sentimental mais estável, quer adquirindo uma autonomia autêntica quer apoiando-se na presença do psicoterapeuta.

Decisão terapêutica (quarta sessão)

É importante que o psicoterapeuta não se esqueça que uma psicoterapia nem sempre é a melhor solução a propor a um paciente. Renunciar a essa solução pode ter efeitos terapêuticos muito mais eficazes do que qualquer outra.

É muito comum certos pacientes recorrerem à consulta devido a sintomas desagradáveis sem, no entanto, sentirem necessidade de uma modificação profunda da sua personalidade. Desejam libertar-se de um sintoma mas, se possível, sem terem de operar uma mudança que implique uma alteração demasiado profunda da sua existência actual.

Em casos semelhantes, é inútil querer envolver os pacientes numa solução de tipo analítico, pelo menos numa primeira fase. Seria iniciar um longo combate contra as resistências do paciente, combate este muito semelhante à luta de poder que descreveremos mais adiante no capítulo 11. Do ponto de vista económico (na acepção psicanalítica do termo), é preferível reconhecer a razão de ser das defesas do paciente e encaminhá-lo para outra forma de terapia mais adaptada ao seu pedido. De resto a experiência demonstra que quando o paciente se apercebe de que as suas resistências são respeitadas, descontrai-se bastante e, muitas vezes, reconhece posteriormente a pertinência de uma solução psicanalítica e isto mesmo depois do desaparecimento dos sintomas. O exemplo que se segue e ilustrativo.

O homem que não queria mudar

Um homem de 34 anos, professor numa escola superior de artes plásticas, apresenta-se à consulta por sugestão de um amigo.

Logo no primeiro contacto, na sala de espera, o psicoterapeuta fica surpreendido com o seu aspecto «pós-Maio 68», barbicha pouco cuidada, botas de montanha, camisola desportiva, camisa desabotoada. Sorridente e simpático de início, instala-se no sofá que lhe é indicado, sem a menor hesitação ou acanhamento. «Tenho um problema de fobias», diz. Sempre sofreu de fobias cujas razões não entende (medo do vazio, dos elevadores), mas conseguiu controlá-las até à data sem grande dificuldade, recorrendo por vezes a ansiolíticos prescritos pelo seu médico de família. No entanto, as coisas agravaram--se um pouco nas últimas semanas e o que agora o preocupa muito é o surgimento repentino de um fantasma, o de saltar pela janela do apartamento em consequência de uma sensação de asfixia. «Talvez seja de família», acrescenta, «o meu pai é claustrofóbico e a minha irmã também.» Sempre foi um pouco ansioso, mas conseguia controlar-se através do pensamento e também praticando desporto.

A sessão decorre agradavelmente e o paciente fala de si e da sua vida sentimental sem o menor constrangimento. Confessa ter tido alguns problemas com a mulher, com a qual casou algo forçado pelos acontecimentos (ela estava grávida), mas diz sentir-se feliz com a sua família. Ficou radiante com o nascimento da filha, embora não tivesse sido «programada». Acaba de ter um segundo filho. Não queria muito tê-lo, mas a mulher desejava-o tanto que ele não foi capaz de lho recusar. Fez os seus estudos em escolas de prestígio, não porque o desejasse – é muito pouco ambicioso – mas porque tinha tanta facilidade que todos insistiram muito.

No fim da sessão, o psicoterapeuta chama a atenção do paciente para alguns contrastes da sua história: a mãe, calorosa, é descrita como sendo uma pessoa um pouco invasora; a mulher, generosa e inteligente, não lhe concede a mínima liberdade; os professores, apesar de compreensivos, obrigaram-no praticamente a prosseguir os estudos. Ele próprio sempre se mostrou muito dócil, mas procurou durante toda a vida escapatórias para conseguir alguma liberdade. O motivo que o levou a decidir marcar a consulta foi o seu medo de saltar pela janela do apartamento, como se receasse desejar evadir-se de casa fosse por que meios fosse.

À luz destes vários elementos, ocorreu-nos imediatamente que o nascimento de um segundo filho pudesse ter agravado a sensação de clausura que tantas vezes tivera durante a vida e que o medo de saltar pela janela talvez pudesse ser a expressão de um receio decorrente da tentação de se escapulir. Estas considerações, salientemo-lo, reproduziam à letra algumas do próprio paciente. No entanto, quando lhe foram transmitidas, mostrou-se um pouco espantado. De facto, jamais vira as coisas desse ângulo e inclinava-se mais para algo de genético. No entanto prometeu pensar no assunto.

Esqueceu-se da sessão seguinte, pediu muita desculpa e compareceu à terceira, com o sorriso de sempre. A primeira sessão tinha-o interessado muito e feito pensar bastante. No entanto, pergunta: «Há provas científicas da validade do tipo de raciocínio analógico utilizado?» O que lhe dissera o psicoterapeuta era plausível, mas seria ainda melhor se a validade do procedimento fosse confirmada por estudos científicos. O psicoterapeuta respondeu, *grosso modo*, que não se tratava de convencer quem quer que fosse da validade do procedimento, mas sim de analisar com ele, paciente, até que ponto estava empenhado em descobrir o significado das suas angústias. Esta intervenção tinha como finalidade ver se a solução proposta despertava nele algum interesse. A sessão decorreu neste tom e foi marcada uma quarta. Nesta última sessão, o paciente disse ter reflectido muito. Tinha chegado à conclusão de que a solução proposta ameaçava desestabilizar o equilíbrio pessoal que conseguira manter até aí e, nessas circunstâncias, queria saber se existia um tratamento centrado essencialmente nos sintomas. O psicoterapeuta respondeu afirmativamente e, depois de terem discutido as vantagens e desvantagens de cada um dos métodos, decidiram ambos, paciente e terapeuta, ficar por ali. Com a indicação do contacto de um bom terapeuta comportamental, o paciente foi-se embora, tendo-lhe sido prometido que as portas continuariam abertas para ele no caso de mudar de ideias ou, após resolução dos sintomas, de querer prosseguir com a elaboração já iniciada.

Comentário

Podemos considerar favorável uma evolução como esta, muito embora tenha sido resumida de uma forma muito esquemática. É evidente que uma psicoterapia psicanalítica representava um enorme desafio para o paciente. Acabava de ter um segundo filho, era casado há vários anos com uma mulher cujo carácter se conjugava com os seus problemas neuróticos: era ela que o conduzia, tal como antigamente tinha sido estimulado pelos professores ou pelo pai. Uma solução psicanalítica teria o efeito de abalar esse equilíbrio e o psicoterapeuta achava importante que o paciente se apercebesse disso.

Era esse o objectivo em vista e, como vimos, o paciente compreendeu-o perfeitamente nas terceira e quarta sessões, durante as quais manifestou o desejo de não se centrar na problemática profunda subjacente às suas dificuldades.

Aspectos fundamentais da quarta sessão

Objectivo: quarta sessão
- Indicação:
  – término do tratamento;
  – natureza da terapia.

Término do tratamento
- Regresso ao equilíbrio anterior.
- Restabelecimento de um equilíbrio similar ao anterior (mudança 1).
- Estabelecimento de um novo equilíbrio (mudança 2).

Para além da quarta sessão: métodos terapêuticos
- Psicoterapias.
- Tratamentos combinados (pluridisciplinares).

Escolha dos objectivos
- Baseia-se numa apreciação dinâmica das motivações (até um esquizofrénico pode mudar).
- Método: reacção do paciente à hipótese psicodinâmica inicial.

Hipótese psicodinâmica
- Manifesta-se no comportamento do terapeuta:
  – interpretação;
  – prescrição.
- É a resposta a esse comportamento que nos interessa.

Comportamentos interpretativos
- Interpretação verbal (mutativa).
- Prescrição terapêutica com comentário: manter o intervalo.
- Prescrições:
  – medicamentos;
  – tratamento pluridisciplinar.

Atitudes diferenciais em função da organização e personalidade
- Psicoses confirmadas: responsabilizar o meio.
- Pré-psicoses: destacar o aspecto estruturante das defesas indicando o objectivo, isto é, manter a coesão do Ego.
- *Borderline*: destacar a relação com o Ego ideal (necessidade de harmonia e receio de tudo o que possa destruí-la).
- Neuroses: relacionar desejo e defesa.
- Adolescentes: obter a cooperação do meio (seja qual for a patologia).

Motivações baseadas na relação custo/benefício
Custo
- Grau e força da angústia.
Benefícios secundários:
– meio;
– individual.

Benefícios
- Melhoria esperada com a mudança:
 – meio;
 – individual.

É possível que uma atitude mais expectante tivesse mobilizado menos o paciente. Mas não o teríamos iludido ao envolvê-lo numa aventura cujas consequências ele não tivesse medido? Além disso, não podemos falar neste caso de reforço de resistências, visto que o paciente disse muito claramente ter entendido a finalidade da solução (ele próprio, aliás, para responder ao psicoterapeuta, relacionara o passado com o presente). Tinha, no entanto, acrescentado que não estava preparado para se empenhar naquele momento nesse processo. Nessa altura, a solução adequada parecia ser uma atitude de respeito pelos motivos invocados. A psicoterapia breve também tem esse objectivo.

O quadro anterior resume os aspectos fundamentais da quarta sessão relativamente a solução e finalidade em vista.

11 | O PROCESSO PSICOTERAPÊUTICO

Em 1968, H. Sauguet apresentava as seguintes definições:

Entende-se por processo um conjunto de funções activas, organizadas no tempo e produzindo uma sucessão de fenómenos dotados de uma certa coerência ou unidade, susceptíveis de se reproduzir com uma certa regularidade e, ainda, a fonte ou a lei da génese dessa sucessão.
Entende-se por analítico o processo citado que, no sujeito em análise, nasce e se desenvolve a partir do trabalho psíquico, efectuado em conjunto com o analista, levando a que o processo neurótico responsável pela neurose seja modificado e substituído pelo processo analítico; a consequência e o restabelecimento dos processos psíquicos normais e de uma vida instintiva satisfatória. [1969]

Embora a definição de processo pareça poder ser aceite sem grandes reservas, já a definição de «analítico» tem sido objecto de inúmeras discussões ao longo da história da psicanálise. Actualmente, por exemplo, é pouco provável que se ouça falar de «restabelecimento dos processos psíquicos normais». Do mesmo modo, se deixou de procurar a especificidade do processo analítico nas relações do normal e do patológico. Desde as investigações de Bergeret (1996), Kernberg (1975) e outros autores sobre as estruturas da personalidade, que se sabe perfeitamente que é possível um comportamento socialmente normal ocultar uma estrutura psicótica. Além disso, são inúmeras as investigações que insistem agora na estreita interdependência existente entre o quadro da cura e o processo (Bleger, Donnet, 1973). Isto significa que se considera realmente a psicanálise como um processo dinâmico inscrito no tempo, mas que já não se raciocina em termos de normal e patológico. Fala-se antes em funcionamento e disfuncionamento, o que permite admitir que uma personalidade psicótica pode funcionar muito bem em certas condições ou que uma personalidade neurótico-normal pode funcionar muito mal. Progressivamente, foram-se também impondo parâmetros, tais como a natureza das relações de objecto (Brusset, 1988), o modo de ligação da angústia (Bonsack, Gilliéron, 1996), para descrever o funcionamento psíquico.

O método da psicoterapia psicanalítica de breve ou longa duração que preconizamos baseia-se nestas últimas concepções e, como pudemos ver no capítulo 7 que versa sobre a organização de personalidade, tentamos descobrir, para cada paciente, os meios que terá utilizado até ao momento para manter o equilíbrio psíquico e, em caso de mudança, qual a forma que poderia assumir um novo equilíbrio. Mas vimos que, para o conseguir, temos de alargar o nosso quadro de referência e atender não apenas ao discurso do paciente, mas também ao conjunto das interacções entre os aspectos somáticos, ambientais e psíquicos que o envolvem. Paralelamente à tomada em consideração destes aspectos, é a relação do sujeito com o enquadramento e a sua relação com o interlocutor que constituem as duas referências principais para a psicoterapia. Veremos também de que forma o paciente focaliza espontaneamente as coisas ao definir ele próprio, ao longo da psicoterapia, o seu problema principal, sem que seja necessário lembrar-lho, tal como o fazem os autores citados no capítulo 4.

Mostraremos também que é mais difícil respeitar a regra da abstinência em psicoterapia do que em psicanálise e tentaremos demonstrar que os fundamentos da interpretação são os mesmos, mas que as modificações de algumas características do *setting* impõem ao terapeuta um esforço maior na compreensão dos movimentos transferenciais.

Finalmente, antes de enunciarmos algumas das soluções que permitem efectuar um trabalho analítico rigoroso, afloraremos alguns aspectos da resistência existentes na relação face a face, revelando de que forma inflectem a contratransferência.

Conceitos psicanalíticos e psicoterapia psicanalítica

Qualquer enquadramento psicanalítico comporta um dispositivo e um certo número de regras que devem possibilitar ao terapeuta o exercício da sua actividade interpretativa. A regra principal é a da abstinência que, através da inibição da finalidade da pulsão, vai permitir sobretudo a simbolização em detrimento da acção. Além disso, o método psicanalítico prende-se com outra noção que constitui a sua finalidade fundamental, a interpretação.

Em 1918, com Ferenczi, os problemas técnicos levantados pela regra da abstinência provocaram um debate aceso no mundo psicanalítico que conduziu à introdução das técnicas breves de psicoterapia, técnicas estas baseadas numa maior actividade do terapeuta, como já mencionámos. Estamos, portanto, convencidos de que é possível renunciar a uma maior actividade, na sua acepção comum, se partirmos do princípio de que a limitação da duração e a possibilidade oferecida ao paciente de ver o terapeuta no registo face a face são simplesmente elementos diferentes que modificam a natureza da relação terapêutica. Para podermos avaliar o alcance destas modificações de dispositivo, examinámos vários elementos.

1. *A influência recíproca* paciente/terapeuta neste novo enquadramento. Este enquadramento conduz a uma resistência específica: uma luta de poder entre o terapeuta e o paciente que resulta do desconhecimento da forma assumida pelos movimentos transferenciais na situação de face a face.
2. A identificação dos *movimentos transferenciais* e as reacções contratransferenciais no face a face.
3. O estudo das relações entre *comportamento e linguagem verbal*.
4. A determinação do impacte das *interpretações*.

Todos estes aspectos dizem respeito à função dos fantasmas e dos símbolos nas transacções paciente/terapeuta.

Dispositivo espácio-temporal

O dispositivo *espacial* distingue a psicoterapia psicanalítica da psicanálise clássica; o dispositivo *temporal* distingue a psicoterapia psicanalítica breve da psicoterapia de orientação psicanalítica de longa duração.

Com efeito, é essencialmente a passagem para o face a face que define a psicoterapia de orientação psicanalítica (em relação à psicanálise) e a clara delimitação do tempo que define a psicoterapia psicanalítica breve (PPB).

Resumindo, a psicoterapia psicanalítica breve baseia-se no estabelecimento de um enquadramento bem definido que toma em consideração a organização de personalidade do sujeito e também na capacidade do psicoterapeuta de avaliar os efeitos do enquadramento na sua actividade de interpretação.

Mentalização e resistências

As psicoterapias de inspiração psicanalítica baseiam-se nas transacções verbais entre um paciente e um terapeuta, o paciente deve ser capaz, não de «agir» mas de *exprimir o* que sente, não confundindo a sua vida subjectiva com a realidade externa. Tem, portanto, de saber *representar*, o que implica a capacidade de *verbalização* e *mentalização*. A psicoterapia psicanalítica destina-se, portanto, aos sujeitos providos de boa capacidade de mentalização. Se esta for limitada, recorrer-se-á a outros meios, tais como prescrição de medicamentos psicotrópicos, medidas sociais e intervenções familiares. Muito embora nenhuma destas medidas exclua um ponto de vista psicodinâmico, restringir-nos-emos aqui essencialmente às psicoterapias verbais, as únicas capazes de corresponder à nossa definição de psicoterapias psicanalíticas breves. Notemos que as coisas nem sempre se passam sem dificuldade, pois acontece, por vezes, que o psicanalista tem de desenvolver um esforço considerável para manter a relação ao nível da elaboração verbal, sempre que se manifestam resistências. Citando o *Vocabulaire de la psychanalyse* de Laplanche e Pontalis, a resistência define-se assim:

> «Durante a cura psicanalítica, denomina-se resistência tudo o que, nas acções e palavras do analisando, se oponha ao seu acesso ao inconsciente. Por extensão, Freud utilizou a expressão resistência à psicanálise para designar a atitude de oposição às suas descobertas enquanto reveladoras dos desejos inconscientes e na medida em que infligiam ao homem uma "vexação psicológica".
> Tal como o afirmam os autores citados (1967), o fenómeno «interintrapessoal da resistência não pode ser assimilado aos mecanismos de defesa inerentes à estrutura do Ego».
> Em 1926, «Freud distingue cinco formas de resistência. São três as que têm a ver com o Ego: o recalcamento, a resistência de transferência e o benefício secundário da doença "que se baseia na integração do sintoma no Ego". Há ainda a resistência do inconsciente ou do *Id* e a do Superego. A primeira torna tecnicamente necessária a perlaboração: é "[...] a força da compulsão à repetição, atracção dos protótipos inconscientes sobre o processo pulsional recalcado". E ainda a resistência do Superego proveniente da culpabilidade inconsciente e da necessidade de punição...» [Laplanche, Pontalis, 1967]

Por definição, a resistência é portanto o que impede a normal evolução do processo psicanalítico. O sujeito «defende-se» contra a tomada de consciência das raízes inconscientes das suas dificuldades. Mas talvez não seja inútil frisar a este respeito que o que se descreve como sendo resistência é uma certa dificuldade do sujeito em deixar emergir, no seu pensamento, as recordações ou os fantasmas que poderiam explicar a experiência vivida actual. Trata-se da dificuldade de pensar as origens das suas dificuldades. Ora esta questão diz respeito ao problema da capacidade de mentalização. Nem todos os pacientes são capazes de «pensar» os seus problemas ou de falar neles. Uns agem impulsivamente para descarregar as suas angústias; outros apresentam perturbações do pensamento, factores estes que também dependem em grande parte da organização da sua personalidade.

Para além disso e como afirmámos anteriormente, é essencialmente o dispositivo espácio-temporal que distingue as psicoterapias de orientação psicanalítica da psicanálise. Podemos, então, observar determinadas resistências mais específicas do enquadramento psicoterapêutico do que do psicanalítico. São as seguintes:

- a tendência para os *acting out*, tanto por parte do paciente como do psicoterapeuta;
- a tendência para se envolver numa luta de poder;
- a tendência para a regressão complementar.

O esforço do psicoterapeuta deverá incidir sobre dois aspectos: evitar o *acting out* e ajudar o seu paciente a aplicar na prática, na realidade quotidiana, as descobertas que fez na psicoterapia. E isto sobretudo no caso das situações resistenciais que mencionámos.

Depois de resumirmos o procedimento psicoterapêutico, ocupar-nos-emos das resistências que se manifestam no início da psicoterapia, durante a fase de elaboração e no seu final. Abordaremos também a dinâmica da interpretação mutativa e aquilo que denominamos «leis de transformação» do agir ao pensar.

Psicoterapia psicanalítica breve

Procedimento: no fim da fase de investigação (quarta sessão), se for aconselhável optar por uma psicoterapia, o psicanalista proporá ao paciente que reflicta sobre o período de tempo que, subjectivamente, concede a si próprio para tentar resolver os seus problemas. Não se trata aqui de saber que duração deverá ter a psicoterapia, mas sim de avaliar a *disponibilidade psíquica* do paciente, isto é, como se situa no tempo, se tem pressa, se o tempo não conta, etc. Pedir-se-á ao paciente que reflicta até à sessão seguinte. Alguns quererão determiná-lo imediatamente, outros dirão que a decisão cabe ao psicoterapeuta, outros ainda hesitarão. Em qualquer dos casos, responder-se-á que a decisão será tomada na primeira sessão de psicoterapia. Todas estas atitudes poderão constituir o primeiro passo da elaboração e integrar as informações obtidas durante a investigação.

No início da quinta sessão – por definição, a primeira da psicoterapia –, a questão da duração é novamente discutida e o psicoterapeuta dará a sua própria opinião. Chega-se assim a um acordo e determina-se uma *duração máxima de um ano*. Marca-se então a data da última sessão e prossegue-se com a explicação dos parâmetros (honorários, faltas às sessões, férias, situações especiais tais como eventuais alterações de horário num determinado período), terminando-se com a regra fundamental das *associações livres*.

Ao contrário das outras técnicas, não se define nenhum contrato de focalização (problema circunscrito a tratar, negligência selectiva, etc.). É o paciente que «escolhe» o seu foco. E fá-lo assim que o psicanalista se cala, situando-se em relação ao novo enquadramento estabelecido.

Os «ataques ao enquadramento», tal como os designamos, estarão presentes ao longo de todo o tratamento, mas manifestam-se mais claramente na primeira sessão e consistirão em modificações (ou tentativas de alteração) do dispositivo por parte do paciente. Com efeito, tal como o dissemos um pouco atrás, a função do enquadramento é a de favorecer a actividade terapêutica e as resistências à mudança manifestar-se-ão, então, sob a forma de rejeições ao enquadramento. Na sua globalidade, esses ataques são sempre o reflexo de uma angústia inconsciente mobilizada pela perspectiva de uma mudança ou de uma tomada de consciência. Surgem em momentos precisos da terapia:

- no início da psicoterapia, sob a forma de resistência em revelar a sua vida subjectiva;
- ao longo da psicoterapia, como manifestação transferencial;
- no fim da psicoterapia, sob a forma de resistência em pôr em prática, na vida quotidiana, as aquisições da psicoterapia.

Início da psicoterapia: o medo do mundo interior

A partir do momento em que as condições da psicoterapia estiverem claramente definidas, as primeiras manifestações consistirão quase sempre num ataque ao enquadramento que acaba de ser estabelecido. É muito frequente o sujeito reagir às directrizes por uma espécie de «choque com o enquadramento». Sente-se pouco à vontade, fica silencioso e acaba por queixar-se do dispositivo. Muitos pacientes lamentam a fealdade ou frieza do local, o que não é mais do que um ataque contra o enquadramento espacial. Tentam também modificar o dispositivo temporal.

EXEMPLO 1

Uma mulher de cerca de trinta anos vem à consulta devido a uma inibição sexual e a problemas sentimentais. Não obstante os claros progressos obtidos nas quatro primeiras sessões, insiste numa psicoterapia. As condições do tratamento são então combinadas e a sessão inicia-se da seguinte maneira:
Paciente: Antes de começarmos, posso fazer-lhe duas perguntinhas? Ah!, só para ter a certeza de que entendi bem. Penso que disse que se eu tiver de adiar uma sessão, se eu não puder vir, terei sempre de a pagar.
O único motivo que me leva a fazer esta pergunta e o facto de, por razões profissionais, ter de viajar, não muito, mas talvez de dois em dois meses, não sei bem. Mas, se isso acontecer, se eu tiver de adiar, não poderíamos combinar qualquer coisa; não será muitas vezes, mas se acontecer?
Psicoterapeuta: Penso que a psicoterapia já começou.
Paciente: Não percebi.

Psicoterapeuta: O que eu quero dizer é que essa pergunta já faz parte da psicoterapia; é qualquer coisa que temos de elaborar juntos.
Paciente: Claro, se isso acontecer. Mas pensei nisso porque me disseram depois no emprego que eu teria de viajar.
Psicoterapeuta: Mas o que vamos discutir agora é o que pode significar para si ter de pagar as sessões a que falte por razões profissionais, ou seja, que sentimentos e emoções desencadeia em si.
Paciente: Sim! Se acontecer, discutiremos isso.
Psicoterapeuta: Mas, neste momento, há uma razão que a leva a fazer a pergunta.
Paciente: Sim, o que me preocupa é que, se acontecer, eu não quero faltar. Gostaria de saber se podemos adiar, se isso pode ser feito. A questão é essa.
Psicoterapeuta: Mas não lhe parece que, seja como for, pode ter interesse saber o efeito que tem em si faltar ou não a essas sessões, o que você imagina?
Paciente: Quando comecei a pensar no assunto, pensei que você iria responder-me: «Não, já estão marcadas!» E ponto final.
Psicoterapeuta: Vê como já tinha uma ideia, como já tinha imaginado qualquer coisa!
Paciente: Sim, neste caso, imaginei.
Psicoterapeuta: Como vê, isto já faz parte da psicoterapia.
Paciente: Sim, é verdade. E, aliás, isso preocupou-me, de facto, durante toda a semana. Estou tão enervada, não sei bem, vai ser diferente e estou enervada por causa da pergunta que fiz e estou... Há tantas coisas que me têm preocupado por causa disso... Tenho tido dificuldade em respirar durante esta semana... e... nestes últimos tempos... estou num tal estado de pânico, mas sei que é a pior coisa que posso fazer e... tento acalmar-me um bocadinho.

Comentário

Podemos ver como a ansiedade da paciente aumentou ao ser provocada pela aplicação do enquadramento analítico e a instauração da regra das associações livres. Contudo, com a ajuda do psicanalista, a paciente vai conseguir ultrapassar a angústia e deixar que se instaure o processo associativo. Aceitará a sugestão do psicanalista de estabelecer relações com o passado.

Esta maleabilidade é característica das organizações neuróticas. As reacções dos pacientes à primeira sessão de psicoterapia variam evidentemente em função de cada organização de personalidade: o psicossomático conta a sua vida quotidiana e parece esquecer-se das razões da sua presença, enquanto o *borderline* denigre o enquadramento, etc. Mesmo que possamos não conhecer a fundo todas estas reacções, basta-nos saber que podem manifestar-se e assim compreender melhor alguns comportamentos inesperados do paciente e *atribuí-los à angústia que o invade quando se vê bruscamente confrontado consigo próprio.*

Este aspecto é de extrema importância, pois tem a ver com a actividade do psicanalista. Verificamos que quase todas as técnicas de psicoterapia breve insistem na necessidade de substituir a suposta «passividade» do psicanalista pela «actividade» do psicoterapeuta. Segundo afirmam os autores já citados, esta actividade traduz-se de diversas maneiras (focalização da atenção e negligência selectiva, confrontações directas, resistências, etc.)

Como se pode ver, abandonamos deliberadamente esta opção para a substituir pela atitude clássica do psicanalista, feita de escuta, neutralidade e abstinência. A actividade (diríamos antes «o agir») é, pois, essencialmente mental. Traduz-se pelo facto de nos acontecer, na psicoterapia, anotarmos um grande número de impressões das quais apenas comunicamos um pequeno número ao paciente, atitude esta que, aliás, é muito semelhante à de Winnicott. A nossa técnica de intervenção poderia ser comparada com a do judoca que utiliza a força do adversário (as resistências) em proveito próprio (a mudança psíquica).

EXEMPLO 2

Vejamos o caso de uma paciente neurótica (histérico-fóbica) que nos consultou devido a manifestações agorafóbicas e outras perturbações de conversão. A investigação revelara um conflito edipiano característico e levara à indicação de uma psicoterapia psicanalítica breve.
O psicoterapeuta enuncia a regra fundamental.
Terapeuta: Vou explicar-lhe como tudo se vai passar a partir de agora. Você vai tentar assumir o comando das operações. Vai falar do que lhe apetecer, do que lhe vier à cabeça, se possível sem pensar demasiado nos assuntos a escolher.
Paciente: É difícil falar assim, sem saber de quê.
Terapeuta: A única regra que poderá seguir é a de tentar acompanhar a sua vontade, as suas ideias, tal como faz quando está só, pensa e reflecte numa série de coisas. Aqui, deve tentar fazer o mesmo, sem afastar os pensamentos que lhe possam parecer banais ou estúpidos.
Paciente: Vai ser difícil encontrar assunto. Não sei, não vejo do que poderei falar. *Se me der uma pista, se me disser do que poderei falar*, talvez possa falar-lhe sobre isso. Mas, é difícil começar a falar assim sem mais nem menos sobre um assunto, em voz alta, sem uma resposta.

Comentário

A relação entre a agorafobia e o medo do espaço oferecido pelo psicoterapeuta é nítida. Além disso, a observação «sem uma resposta» é sem dúvida causada pela problemática da castração, tema sobre o qual a psicoterapia naturalmente se centrará.

Por vezes, é no fim da primeira sessão que a resistência se manifesta mais claramente.

Exemplo 3

No fim da primeira sessão, uma paciente informou que se atrasaria um pouco na sessão seguinte. O terapeuta, sem reflectir, aceitou alterar a hora. Mas a paciente chegou à hora normal e não à que tinha sido posteriormente combinada. Tendo chegado mais cedo, pôde ver o que fazia o psicoterapeuta durante o espaço de tempo em que ela deveria estar ausente.

Neste caso, é o dispositivo temporal que é claramente atacado por este comportamento. Estávamos perante uma personalidade *borderline* com algumas defesas de tipo perverso.

As regras que gerem a relação, nomeadamente a da abstinência, são igualmente alvo de ataque. É frequente, pois, o paciente procurar gratificações objectais. Estes ataques, não menos interessantes, incidem sobre as interacções.

Exemplo 4

Durante a primeira sessão, o psicoterapeuta enuncia os princípios que presidirão à cura, destacando o facto de que, dali em diante, caberá ao paciente a iniciativa da escolha dos temas a tratar (regra das associações livres). O paciente ouve atentamente o psicoterapeuta até ao fim e, depois de um curto silêncio, diz: «Poderia fazer-me perguntas, facilitaria muito!»
Ao reagir desta forma, o paciente revela que não acatou as regras da cura e que tenta dar ao psicoterapeuta o papel que lhe convém mais, o de guia que indica o caminho. Mas recusar tomar as iniciativas e recusar acatar as regras é também uma maneira de entrar em conflito. Trata-se aqui de um ataque às regras do jogo psicanalítico.

No caso de todos estes pacientes, o trabalho de elaboração foi iniciado, pois cada uma das atitudes descritas reflecte a problemática «central» do sujeito, que tanto tem a ver com a organização da sua personalidade, como com a crise que o levou a consulta.

Fase de elaboração: transferência e focalização realizada pelo paciente

O trabalho do psicoterapeuta é essencialmente de interpretação, tal como em psicanálise, mas com algumas diferenças quanto ao dispositivo. Estas diferenças dizem sobretudo respeito a resistências relativamente específicas, como a tendência mais marcada para os actos falhados e para duas atitudes transferenciais extremas: a luta de poder e a tentativa de estabelecer, a todo o custo, uma relação complementar.

Insistimos no facto de não ser necessário focalizar activamente a psicoterapia através das técnicas habituais de negligência e atenção selectivas. O paciente fá-lo espontaneamente e basta saber reconhecê-lo. Para isso, convém, uma vez mais, estar-se atento, não exclusivamente ao discurso do paciente, mas também às interacções entre o paciente e o psicoterapeuta. Sabemos que, para este último, é difícil observar-se a si próprio em plena interacção com o paciente. Mas dispõe de um excelente meio de controlo, a sua contratransferência. É ao interpretar as suas próprias emoções que o psicoterapeuta saberá o que o paciente lhe faz, ou seja, a acção exercida sobre ele pelo paciente. É, pois, por este meio que se pode determinar o que se passa realmente durante o tratamento. A contratransferência do psicoterapeuta serve como ponto de referência para a focalização realizada pelo paciente. De facto, apercebemo-nos de que, seja qual for o seu tema, o discurso está sempre condicionado pela mesma problemática central, que é activada na relação com o psicoterapeuta. Compreender-se-á melhor este facto se considerarmos a nossa teoria do apoio objectal. O paciente apoia-se na sua relação com o psicoterapeuta para manter o seu equilíbrio psíquico, o que significa, em poucas palavras, que o paciente centra espontaneamente a psicoterapia na problemática que o levou à primeira consulta (motivações da consulta) e, como essas motivações estão sempre relacionadas com a organização da sua personalidade, podemos afirmar que a focalização incidirá sempre no ponto fraco da personalidade do sujeito. É esta problemática que o paciente «encena» na sua relação com o psicoterapeuta.

Assim, podemos definir esquematicamente alguns temas preferenciais segundo as várias organizações de personalidade (ver destaque a seguir).

«ENCENAÇÕES»
EM FUNÇÃO DAS DIFERENTES ORGANIZAÇÕES DE PERSONALIDADE

Neurótica: dificuldade em realizar os desejos, inibição e culpabilidade.
Narcísica: ausência de reconhecimento dos outros, necessidade de se fazer notar, sentimento de ser ignorado.
Perversa: medo de perder o poder.
Borderline: impossibilidade de atingir a harmonia ideal a que aspira; sentimento de não ser suficientemente amado.
Pré-psicótica: sob uma capa pseudoneurótica, existe sempre a dificuldade de estabelecer uma fronteira nítida entre si próprio e os outros (difusão de identidade, O. Kernberg). Dúvidas quanto à sua própria identidade.

Os actos falhados

A intensificação dos afectos mobilizados pela delimitação temporal, a sua polarização sobre a pessoa do psicoterapeuta e a restrição do espaço de elaboração favorecem sem dúvida os actos falhados. Estes últimos, tanto podem ocorrer com o psicoterapeuta como com o paciente, tal como o ilustram os dois exemplos que se seguem.

EXEMPLO 1

Por razões aparentemente alheias à sua vontade, o psicoterapeuta falta a uma sessão de psicoterapia e esquece-se de avisar a sua paciente. A psicoterapia decorria muitíssimo bem: a paciente fazia um enorme esforço de elaboração e enfrentava corajosamente angústias profundas. A primeira reacção do psicoterapeuta é a de tentar justificar-se, invocando a faceta imprevista e imediata das suas obrigações. Mas, por um feliz acaso, a paciente não lhe dá tempo para isso. Reage violentamente e comenta: «Você não é melhor do que os outros homens; só os seus problemas é que o preocupam. Os dos outros não valem nada. É como os meus colegas. Apetece-me acabar com isto!» Com estas palavras, o psicoterapeuta apercebe-se imediatamente de que o seu acto falhado foi causado pela transferência negativa nascente da paciente. Retoma assim os termos dela, reconhece que talvez tenha sido de facto induzido inconscientemente a adoptar o comportamento dos outros homens e que se poderia discutir sobre o que nela seria susceptível de permitir aos homens esse tipo de comportamento para com ela. Esta interpretação diminui imediatamente a tensão e começam em conjunto a elaborar as «reivindicações fálicas» da paciente.

EXEMPLO 2

Um jovem paciente pergunta se é possível «excepcionalmente» *[sic]* alterar a hora da sessão seguinte por ter de se submeter a um exame médico. O seu médico está muito ocupado e esta é a única possibilidade. O psicoterapeuta fica ligeiramente irritado mas propõe elaborarem esse pedido descobrindo que pode representar, para o paciente, o facto de alterar a sessão. O paciente está um pouco renitente, refila e acaba por «confessar»: «Dei-me conta de que quando me propuseram a hora da consulta, aceitei logo e esqueci-me completamente da nossa sessão.» Neste caso, o acto falhado permitia evitar a elaboração de um conflito de rivalidade.

Este género de actos falhados, que fazem aliás parte integrante da vida quotidiana, são frequentes em psicoterapia breve e fazem com que esta pareça, por vezes, uma espécie de encenação psicodramática. Parece, pois, que a formação em psicodrama psicanalítico pode ser de enorme utilidade para o psicoterapeuta num caso destes.

Alguns acontecimentos imprevistos, que não constituem no entanto necessariamente autênticos actos falhados, são também ataques ao enquadramento e podem funcionar como indiciadores de uma problemática inconsciente.

Sabemos que o enquadramento é uma espécie de pano de fundo silencioso ao longo da maior parte das psicoterapias analíticas: o importante é a vida interna do sujeito, as suas aspirações, dificuldades, inibições, receios, etc. No entanto, há sempre momentos em que o enquadramento pode ser abalado subitamente e a maneira como o sujeito reage fornece-nos informações importantes quanto à problemática com que se debate nesse momento. Estas variações do enquadramento podem ser causadas por condições externas inesperadas, mas também pelo paciente. As variações alheias ao paciente podem ser uma ausência inopinada do psicoterapeuta (por doença, por exemplo), uma mudança de residência, etc.

Vejamos um exemplo de alteração de dispositivo ilustrativo dos seus efeitos. Trata-se de uma ausência do psicoterapeuta.

Exemplo 3

Uma mulher de 32 anos, muito motivada, recorrera à consulta devido a um estado de depressão e ansiedade que atribuía às dificuldades com que se debatia quanto à educação de uma filha de três anos. Não conseguia impor a sua autoridade e estava extremamente preocupada. Esgotada, acabou por pedir auxílio. Não falaremos aqui da sua história familiar, nem da vida conjugal. Pretendemos apenas mostrar como a ausência inopinada do psicoterapeuta pode revelar a problemática de um paciente.

O psicoterapeuta teve de se ausentar por razões de ordem científica no dia da sessão da paciente. Por uma infeliz conjugação de circunstâncias, a paciente não foi prevenida. Ela compareceu à sessão e entendeu imediatamente o mal-entendido. Recusou a proposta do psicoterapeuta, que nesse momento estava em plena reunião de trabalho, de voltar um pouco mais tarde, num momento mais oportuno.

Na sessão seguinte, o estado da paciente é de grande ansiedade, o discurso acelerado e os pensamentos parecem atropelar-se. Fala sobretudo da relação que tem com a mãe, pessoa asfixiante e que gostaria de ir viver com a filha. Diz-se firmemente decidida a recusar mas é grande a angústia que essa decisão lhe causa. Após um longo monólogo em que expõe os seus sentimentos contraditórios, salienta que a mãe se «agarrou» muito a ela depois da morte do pai. E conclui com a pergunta: «Como é que poderei encontrar uma certa tranquilidade nisto tudo?» Olha para o psicoterapeuta e acrescenta: «Não consigo!» E recomeça as suas queixas contra a mãe.

O psicoterapeuta faz-lhe notar que ela não lhe deixa espaço de intervenção, visto que faz a pergunta e dá ela própria a resposta. Pergunta como pode encontrar alguma tranquilidade nessa situação mas, logo a seguir, responde que não é possível. A paciente fica muito perturbada, cala-se um momento e depois diz: «É a minha especialidade!» Cala-se novamente, retoma o discurso e, após algumas frases, diz que, embora esteja muito interessada nas sessões, a psicoterapia preocupa-a porque a confronta com assuntos perturbadores. E acrescenta: «*Foi por isso que senti alívio quando, da última vez, me disse estar ocupado!*»

O psicoterapeuta chama a atenção para esta observação, relaciona-a com a interpretação anterior e comenta: «No fundo, você quer apoio para encontrar uma certa tranquilidade, mas fica aliviada quando a pessoa a quem o pediu se ausenta.» A paciente cala-se de novo, começa a chorar e diz: «*A minha mãe disse-me sempre que eu não fui desejada! Disse-me até que as precauções anticoncepcionais que tinha tornado falharam e que ela não me queria.*»

Esta última sequência ilustra também o facto de que o dispositivo pode desempenhar uma função de resistência. Com efeito, a regularidade das sessões tinha permitido, até então, que a paciente falasse da sua necessidade de estabilidade, da sua fúria contra a mãe, das dificuldades conjugais, etc. Mas só a alteração do dispositivo temporal (a sessão cancelada) iria revelar a angústia que causava na paciente a ideia de receber o apoio que, no entanto, ela procurava. Foi isso que fez com que se apercebesse do grau de ansiedade em que ficava face à ideia de modificar as suas relações com a mãe, isto é, de «lutar contra o passado». De facto, poder dizer a mãe: «Vem quando me agradar mas não te imponhas» era uma forma de voltar ao passado que lhe lembrava que as relações mãe-filha são sempre relações de força, em que um se impõe ao outro.

A transferência, ataque contra o enquadramento psicanalítico ou psicoterapêutico (o medo da mudança)

Na forma de psicoterapia breve que preconizamos, não procuramos evitar o desenvolvimento da neurose de transferência. Pensamos, pelo contrário e tal como Freud afirmava, que a mudança só ocorre quando o sujeito é confrontado com as dificuldades do momento presente e é na sua relação com o psicanalista que o paciente poderá aperceber-se com clareza da dimensão anacrónica dos seus problemas.

Podemos distinguir duas fases principais no desenvolvimento da neurose de transferência: uma de resistência à transferência e outra de resistência *na transferência*. Em psicoterapia psicanalítica, as manifestações de resistência à transferência caracterizam-se também por ataques contra o enquadramento *(setting)*.

Os pacientes insurgem-se contra os horários, chegam atrasados ou demasiado cedo, criticam o local, etc. Na maior parte dos casos, estes ataques são indirectos e simbólicos nos neuróticos. São mais directos nos pacientes *borderline*.

Quanto às resistências na transferência, estas incidem na pessoa do psicanalista. Num caso descrito um pouco mais atrás, vimos um exemplo de resistência na transferência que se manifestava por uma luta de poder.

Exemplo

Trata-se de resistência à transferência mediante um ataque ao *setting*. Uma paciente *borderline* havia feito enormes progressos durante a sua psicoterapia. Obtivera excelentes resultados profissionais e, pela primeira vez na vida, conseguira estabelecer uma relação sentimental estável ao ponto de receber uma proposta de casamento.

Com ar obstinado e decidido, chega um dia à sessão e diz: «Você vai ficar zangado com as notícias que lhe trago, mas não vai conseguir fazer-me mudar de ideias.» Como o psicanalista não respondeu, acrescentou: «Decidi

que a sessão de hoje iria ser a última; preciso de viver a minha vida, de gastar o meu dinheiro comigo e não consigo, etc.»
Apanhado de surpresa, o psicanalista reage fazendo ver à paciente que essa decisão era súbita e que deveria ser elaborada.
Ao que a paciente responde, furiosa: «Eu bem sabia que você era igual a minha mãe! Não suporta que me sinta bem; mas não irá conseguir reter-me!»

Este ataque violento e objectivamente injusto é típico dos pacientes *borderline* e conduz frequentemente à ruptura. A única forma de vencer este obstáculo é, uma vez mais, a interpretação. É inútil propor ao paciente que espere ou elabore. Estes pacientes não são capazes de o fazer. A resposta adequada teria sido: «*Porque pensa que eu deveria ficar zangado?*» Esta formulação teria impelido a paciente a responder: «Porque a minha mãe nunca suportou os meus êxitos, etc.» E teria aberto o caminho à elaboração. Estamos aqui perante os ingredientes da técnica de interpretação que já propusemos.

Vejamos agora outro caso que ilustra o problema transferencial de um paciente neurótico.

Exemplo

Um homem jovem, de estrutura manifestamente neurótica, está a ser tratado há alguns meses por uma psicoterapeuta. Após duas sessões durante as quais elaborou as suas hesitações em aceitar o convite de um amigo que lhe propôs que o acompanhasse, nas férias, numa viagem sem dúvida aliciante mas muito dispendiosa, exprime-se assim: «Reflecti muito desde a última sessão e decidi renunciar a acompanhar o meu amigo. Estou aliviado; era muito caro para mim e tenho de ser realista.» [Note-se que, quando estudava a possibilidade de fazer a viagem, o próprio paciente dizia pretender discutir o assunto com o pai para lhe pedir dinheiro emprestado e admitira a hipótese de faltar a algumas sessões. Este tema tinha sido elaborado, mas o paciente não se refere a isso nesse momento.] Prossegue com as suas reflexões sobre a necessidade de se restringir às suas possibilidades financeiras reais e a satisfação por finalmente o conseguir. Segue-se um longo silêncio que o paciente acaba por interromper, dizendo: «Pergunto-me para que é que serve esta terapia. Não acredito nesta técnica. Vim porque mo aconselharam. Sinto-me melhor, mas duvido que isso se deva à psicoterapia!»

Esta sequência ilustra bem a relação «transferência/enquadramento» tal como a entendemos. O paciente faz alusão as suas elaborações das últimas sessões e enuncia as conclusões a que chegou (não fará a viagem com o amigo). Esta renúncia permite-lhe não se desvalorizar aos olhos do pai e prosseguir com a psicoterapia. o paciente não toca nestes aspectos embora tivesse falado claramente neles nas sessões anteriores. Pelo contrário, cala-se e, após um silêncio, critica com veemência a técnica utilizada pelo terapeuta. Um psicanalista experiente saberia que o silêncio do paciente era provavelmente motivado pela expectativa inconsciente de felicitações ou comentários por parte do psicoterapeuta, que assumia aqui a figura parental. A frustração traduziu-se logo por um movimento transferencial negativo perfeitamente natural. No entanto, o que pretendemos salientar aqui é que este movimento transferencial se traduz por um *ataque claro contra o enquadramento terapêutico e não contra a «pessoa» do terapeuta*. Interpretar esta atitude como um simples movimento transferencial é, em nossa opinião, um curto-circuito perigoso. Se o paciente não suporta o silêncio do terapeuta, é porque não suporta ter de imaginar a reacção do terapeuta. E se ele começa por pôr em causa a técnica é por recear o seu imaginário. Por conseguinte, é isto que é necessário fazer-lhe entender: ele insurge-se contra o enquadramento porque este o obriga a enfrentar o seu imaginário.

A resistência neste caso tem muito mais a ver com o facto de ter de «inventar» o terapeuta (efeito do enquadramento que obriga o paciente a decidir ele próprio se o terapeuta está ou não satisfeito). Poderíamos falar de transferência no momento em que o paciente dissesse ao terapeuta que ele «parecia satisfeito» ou, pelo contrário, que «parecia descontente». No nosso exemplo, é o silêncio, parte integrante do enquadramento, que é posto em causa.

Um outro exemplo de mudança ilustra ainda melhor a problemática da *transferência e da delimitação temporal* – tema específico das terapias breves neste caso, num paciente neurótico.

Exemplo

Um homem jovem e simpático queixa-se de várias manifestações fóbicas e, em especial, do receio de vencer. Tinha-lhe sido proposta uma psicoterapia analítica de um ano. Durante os primeiros meses, falara sobretudo do pavor que sentia só de pensar na ideia de manifestar a mínima combatividade, pavor que descrevia como sendo o receio de perder o amor do outro.
Em dada altura, por razões profissionais, o terapeuta teve de alterar uma sessão e marcá-la noutro dia, às doze horas. Nessa sessão, um quarto de hora antes do final, o paciente parara de falar e dissera timidamente: «Penso que esté na hora», fazendo menção de se levantar. O terapeuta fez-lhe notar que faltava um quarto de hora e que deveriam analisar a razão pela qual ele queria terminar tão cedo. O paciente pareceu perturbado, ficou muito tempo silencioso e disse: «Apercebi-me de que fiquei muito angustiado por causa da sessão de hoje. Tinha a impressão de estar a privá-lo do seu almoço!» O terapeuta respondeu: «Então, você quis encurtar a sessão para me deixar a possibilidade de almoçar e talvez também para que eu não lhe levasse muito a mal!» «Acho que sim!», responde o paciente.
Na sessão seguinte, o paciente apresenta-se descontraído e feliz e conta o que acaba de suceder-lhe: «Pela primeira vez na vida, zanguei-me e estou satisfeito com o resultado. Acabo de ir ao banco para reclamar um cheque que já deveria ter-me sido enviado há uns dias. O banco acabava de fechar. Como vi um empregado através do vidro da porta, bati e ele veio abri-la.

Reclamei o meu cheque e o empregado disse-me que, de facto, já estava pronto mas que o banco já encerrara e que eu deveria voltar no dia seguinte, durante as horas de expediente. Enfureci-me e acabei por obter o meu cheque.» o terapeuta comenta: «Você conseguiu reclamar o que lhe era devido, mesmo fora de horas. Isso contrasta com a última sessão em que você estava angustiado por ter uma sessão fora das horas habituais apesar de ter todo o direito a ela.» O paciente fica muito surpreendido com a interpretação e responde: «É graças a si que me dou conta disso; tinha-me passado completamente despercebido.» Após um silêncio, acrescenta: «Devo dizer-lhe que estava muito receoso, no início, de me envolver numa psicoterapia em que o limite estava previamente fixado e cujo número de sessões era inferior ao da psicanálise. Hoje, dou-me conta de que isso me faz viver momentos de intensa emoção e que me exige um grande esforço, mas sinto-me mais adulto e estou contente comigo próprio.»

Através deste último comentário, o paciente está a relacionar a sua angústia com três formas de limites temporais: a duração da sessão, a hora de encerramento do banco e o termo da psicoterapia. Apercebe-se também que a delimitação o confronta com uma luta interna entre os seus problemas regressivos (problemas orais projectados no terapeuta que não suportaria deixar de almoçar) e os seus desejos de afirmação (começa a sentir-se mais adulto).

A dinâmica criada pelo enquadramento de uma psicoterapia breve não poderia ser mais bem descrita.

A regressão complementar

Igualmente característica da situação psicoterapêutica é a manifestação que classificamos, sem hesitar, como «regressão complementar», por analogia com a noção de complementaridade desenvolvida pelos seguidores das teorias sistémicas (Watzlawick, 1972).

Nesta situação, as coisas parecem decorrer maravilhosamente, todas as interpretações do terapeuta são recebidas com reconhecimento e produzem efeitos. O paciente assimila-as, faz associações com as suas recordações de infância, exprime fortes emoções, até ao dia em que o psicoterapeuta ouve algo do género: «Não poderei viver com mais ninguém os momentos que vivo consigo.» O psicanalista dar-se-á então conta, tardiamente, de que a atitude do paciente era na realidade resistencial e que se baseava numa excessiva submissão destinada a receber o mais possível do interlocutor. Também neste caso, a única saída do impasse é através da interpretação, não do comportamento do paciente, mas sim da *relação* que se estabeleceu.

Não é raro um excesso de complementaridade revelar-se perto do final da psicoterapia, através de um acto falhado e do súbito aparecimento de movimentos transferenciais negativos, difíceis de elaborar no pouco tempo que resta. Nestes casos, diz-nos a nossa experiência que é preferível pô-los bem em evidência, relacioná-los com os problemas que o final da psicoterapia levanta, sem no entanto deixar de manter a data fixada. Poder-se-á, por exemplo, propor ao paciente que volte seis meses depois para fazer o balanço da situação. Entretanto, ele terá a oportunidade de pôr em prática o que aprendeu com a psicoterapia. Se, nessa sessão de avaliação, o paciente revelar um vínculo transferencial difícil de diluir, o terapeuta poderá propor-lhe uma série de sessões suplementares para elaborar o problema.

Influência recíproca: a luta de poder entre terapeuta e paciente

Nos momentos transferenciais particularmente «acesos», é frequente vermos estabelecer-se uma relação simétrica entre psicoterapeuta e paciente, em que cada uma das partes rivaliza em virtuosismo para mostrar à outra o seu saber e a pertinência das suas intervenções, como se ambos os interlocutores quisessem impor ao outro os pontos de vista respectivos. O paciente dirá sem hesitar: «Você acha que... mas.». Pelo seu lado, o psicoterapeuta será tentado a responder: «Eu não tinha a intenção de dizer-lhe isto... mas.»

As coisas nem sempre são tão evidentes, mas um observador atento notará que muitas vezes certos tipos de intervenção não são mais do que a resposta do psicoterapeuta aos estratagemas inconscientes do paciente que visam estabelecer uma relação de rivalidade. Em tais situações, a única saída para este confronto não é a interpretação da vida interna do paciente «– Você sente-se desta ou daquela maneira...»), mas sim a interpretação da relação: «Como pode ver, estabeleceu-se uma relação de rivalidade entre nós... Este tipo de relação tem algum significado para si?»

Esta é uma das características das psicoterapias breves em que a transferência é, como acabámos de ver, activada na relação com o psicoterapeuta. É uma situação que deve evidentemente ser elaborada.

A luta de poder está estreitamente relacionada com a situação do face a face e, neste tipo de interacção, interrogamo-nos sobre o lugar que os fantasmas ocupam. Tanto o terapeuta como o paciente se comportam como se houvesse um conflito entre eles e não são discutidas as raízes do comportamento de ambos na relação transferencial, nem a relação possível com as imagos do paciente.

O exemplo que se segue (uma sessão de psicoterapia de inspiração psicanalítica) ilustra esta «luta».

Exemplo

Um homem com cerca de trinta anos mostra-se particularmente agressivo com o terapeuta. Passado um bocado, cada vez mais irritado, exprime-se nos seguintes termos: «Bem, você vai dizer-me que os meus sentimentos hostis têm a ver com os meus pais e não consigo; mas é consigo que estou furioso!» O terapeuta responde: «Ao dizer isso você esquece-se que há em si partes que pensam de outra maneira e que gostam de mim!»

No caso descrito, o paciente ataca verbalmente o terapeuta. Este último recusa parcialmente a luta e decide que o paciente está dividido em vários pedaços e que, nesses pedaços, há amor e ódio. Nesta sequência, a luta é manifesta. É uma sequência característica do evitamento da transferência por parte do terapeuta assim como da tónica que o paciente coloca na transferência, transferência esta considerada como «realidade». O terapeuta não fala da relação ou dos desejos do sujeito «vividos» na relação, mas remete-os para outra realidade, a «realidade psíquica do paciente». Todavia, estas intervenções assemelham-se muito a «acusações» e, para além disso, nada parecem ter a ver com os afectos actuais. Nesse sentido, podemos qualificá-las como um *acting out* do terapeuta camuflado de interpretações.

Vejamos um outro exemplo que demonstra ainda com maior nitidez a forma como o face a face incita o terapeuta a agir, sobretudo se o movimento transferencial for claramente expresso pelo paciente.

A interpretação (lei da transformação): comportamento e linguagem verbal (como introduzir o «sentido» na relação)

Gostaríamos de abordar uma situação extrema em que o acto e a interpretação estão algo confundidos. Iremos recorrer a um exemplo baseado numa relação médico/paciente, não psicoterapêutica, mas escolhido para ilustrar os problemas levantados pelas resistências de comportamento que, supostamente, são muito mais específicas do face a face do que da psicanálise. Pretendemos também demonstrar como se pode tentar introduzir as possibilidades de verbalização sem, no entanto, deixar de respeitar a regra da abstinência.

Exemplo

Uma mulher é encaminhada para o psiquiatra pelo seu cirurgião devido a um quadro de depressão que sobreveio na sequência de uma cirurgia oncológica. O psiquiatra, que contava encontrar uma paciente deprimida, fica surpreendido ao ver aparecer uma mulher enérgica, manipuladora, que lhe faz um sem-número de perguntas e não ouve o que ele lhe diz. Ele fica com a impressão de que a paciente pretende a todo o custo controlar a relação e que é completamente impossível abordar as suas angústias e problemas. Ao efectuar a anamnese fica espantado com o facto de ela se ter sempre mostrado uma pessoa particularmente activa que fora forçada, desde a infância, a enfrentar muitas dificuldades, cuidando de uma mãe paralítica e, posteriormente, de um marido desempregado e permanentemente doente. O cancro era de facto a doença principal desta mulher e parecia que, passado um curto momento de depressão, ela queria negar todas as suas dificuldades.

Ao ver tal situação, podemos imaginar que esta paciente, que tivera de superar múltiplos problemas vitais, tenha sentido sempre uma certa omnipotência. Não podia esperar nada de ninguém, tinha de sustentar os outros mas não era sustentada por quem quer que fosse. Verificava-se que repetia este comportamento com os médicos, provavelmente com a finalidade de restaurar os seus mecanismos defensivos maníacos, baseados num controlo omnipotente das suas necessidades e afectos. Negava o cancro e a depressão.

Numa relação assim, haveria teoricamente duas possibilidades de desencadear a discussão sobre os problemas da paciente, isto é, a orientação «activa» e a orientação «passiva».

Salientamos que utilizámos este exemplo para ilustrar um problema teórico e que não descreveremos o que seria necessário fazer neste caso especial.

1. De acordo com a orientação «activa», o terapeuta poderia mostrar à paciente os seus mecanismos de negação. Mas, agindo dessa maneira, travaria uma batalha contra as resistências dela. Seria levado a insistir e a repetir as suas intervenções até a paciente as aceitar. Esta actividade é semelhante a algumas atitudes que observamos nos psicoterapeutas apologistas das técnicas breves.
2. Segundo a orientação «passiva», o médico, tendo compreendido o que se estava a passar, poderia aceitar abertamente o comportamento da paciente e dizer qualquer coisa como: «Muitos médicos tentaram em vão ajudá-la até agora. Vejo que somos incapazes de a ajudar de forma adequada. Os tratamentos que tem feito não lhe trouxeram os resultados que tinha o direito de esperar. Você foi sempre uma mulher activa, capaz de cuidar de si própria e dos outros. Pela minha parte, lamento não poder fazer mais por si!»

Ao agir assim, o médico estaria a aceitar abertamente o movimento de identificação projectiva da paciente que o declarava implicitamente incompetente e o reduzia à impotência. Mas, paralelamente, estaria a oferecer-lhe a possibilidade de responder: «É verdade, você é *como os outros*. Nunca ninguém me ajudou até hoje e você também não!» Desta forma, teria sido introduzida na relação a possibilidade de se discutir os problemas psicológicos relacionados com as necessidades e os desejos da paciente, não sob a forma de actividade, mas sim através de um meio técnico baseado na interpretação.

Este segundo tipo de intervenção é com toda a evidência grandemente influenciado pelos estudos dos teóricos da comunicação. Mas, tal como o referimos, teria como objectivo tornar possível a discussão na relação. Descrevemo-lo para ilustrar a orientação das nossas investigações sobre a interpretação.

Em nossa opinião, este segundo tipo de intervenção está estreitamente ligado à descrição que Freud faz dos primeiros estádios da relação *mãe/filho* no seu livro *L'interprétation des rêves (A Interpretação dos Sonhos)*, em que afirma que, em caso de frustração, a criança substitui o seio materno por uma alucinação. Segundo esta concepção, o processo alucinatório pode portanto substituir, por um instante, a satisfação libidinal. A elaboração do mundo fantasmático baseia-se, pois, em duas experiências: a da satisfação e a da frustração.

Esta reconstrução freudiana implica, portanto, uma relação entre a vida psíquica e o encontro de dois comportamentos (o da mãe e o do filho). Como é evidente, é difícil saber se o que Freud descreveu é realmente o que se passa no psiquismo da criança, mas estamos convencidos de que descobriu um aspecto fundamental do funcionamento mental: *o ser humano pode pensar e imaginar em vez de agir e de satisfazer as suas necessidades ou desejos.*

Na segunda maneira de tratar o problema da paciente, é evidente que o terapeuta, ao assumir abertamente o papel que ela lhe atribuía em função dos seus movimentos inconscientes, isto é, o papel de um médico incapaz de a ajudar e que ela tinha de comandar, teria desaparecido enquanto pessoa exterior aos fantasmas da paciente.

Teria assim respeitado totalmente a regra da abstinência e teria privado a paciente das satisfações libidinais. Ela não teria podido recorrer aos seus movimentos de resistência caracterial e teria de recorrer às suas imagens internas e recordações. A paciente ter-lhe-ia dito: «Você é como os outros (no meu passado), não me ajuda!», sendo esses «outros» pessoas pertencentes ao passado, recordações. O trabalho de elaboração ter-se-ia tornado possível: ódio aos objectos maus.

Com base num diálogo retirado do caso do «Pequeno Hans», diálogo este encetado entre Hans e o pai, J. Laplanche analisa muito pormenorizadamente um outro exemplo de articulação entre fantasma e «realidade». Hans «acusa» o pai de ser mau e de lhe ter batido. O pai defende-se energicamente em nome da «realidade», o que leva o filho a insistir: «É mesmo verdade, bateste-me!», etc. O extraordinário da historia é que o pai, com a ajuda de Freud, estava a «tratar» o filho. Ao defender-se contra a acusação de ser muito mau, o pai estava, de facto, a impedir o filho de o «fantasiar» como mau.

Este género de problema repete-se sensivelmente nos mesmos termos nas situações psicoterapêuticas e, à semelhança de Laplanche, podemos afirmar que «se o pai, pelo seu lado, não desempenhar a função que lhe é atribuída pela estrutura do complexo de Édipo, o sintoma compensá-la-á» (Laplanche, 1980).

Estas questões parecem-nos muito importantes na medida em que são úteis para esclarecer eficazmente o problema da interpretação. Efectivamente, a questão não é saber se o terapeuta é ou não tão incompetente como o afirma o paciente; o importante é que esta última tem necessidade de o considerar assim. Só depois de ter admitido isto é que o terapeuta poderá autorizar o paciente a falar.

No caso do Hans, era importante para ele poder imaginar que o pai era mau, em função do seu próprio sistema fantasmático. Para o pai, pelo contrário e provavelmente também em função dos seus fantasmas inconscientes, era importante que Hans o achasse bom. E daí a incompreensão mútua.

Estas situações são extremamente frequentes em psicoterapia de inspiração psicanalítica. Acontecem também em psicanálise, mas sobretudo aquando de movimentos transferenciais muito regressivos.

O fim da psicoterapia:
o medo do mundo externo

A aproximação do fim da psicoterapia manifesta-se, também, por desvios ao enquadramento. Não é raro, sobretudo nos «estados-limite», o paciente «esquecer-se» de uma sessão. Verifica-se igualmente uma enorme dificuldade em terminar as últimas sessões. O paciente continua a falar embora saiba ter chegado ao fim da sessão ou tenta alimentar o diálogo com perguntas irrelevantes feitas já à porta. Estas diversas manifestações podem ser consideradas como ataques ao enquadramento temporal e cessam assim que, com as suas interpretações, o psicanalista consegue relacioná-las com a perspectiva de término da psicoterapia.

Em psicoterapia breve, também é frequente, nos casos de contratransferência mal controlada, o próprio psicanalista esquecer-se da data de término.

A aproximação do fim da psicoterapia breve é sempre acompanhada de certos sinais prévios que convém identificar para posterior elaboração. Estas manifestações dependem da organização de personalidade do paciente e é evidente que sinais desses só surgem em pacientes capazes de antecipação (organizações neuróticas, personalidades narcísicas e até algumas personalidades *borderline* ou pré-psicóticas). O *borderline* poderá reagir por um *acting out* (falta a uma sessão, por exemplo, ou ligação sentimental súbita em circunstâncias surpreendentes, etc.).

EXEMPLO

Eis um exemplo de manifestações muito características de uma organização neurótica.
Eléonore é uma mulher de 35 anos, muito dinâmica e que vem acumulando êxitos ao longo da vida. Casada, mãe de dois filhos, diz ter uma vida conjugal feliz. O marido é talvez um pouco apagado, mas dá provas de grande afecto por ela. É também uma mulher de negócios eficiente que conseguiu montar uma pequena empresa bem-sucedida.
No entanto, alguns meses após o nascimento do segundo filho, um estado depressivo cujas causas desconhece leva-a à consulta. A investigação psicodinâmica revela que a paciente sempre se esquivou às suas próprias

necessidades e desejos por meio de uma hiperactividade profissional e familiar, que lhe merece a admiração de todos mas não lhe deixa espaço para pensar em si própria. Esta tomada de consciência permite-lhe sair imediatamente do estado depressivo. Contudo, após algumas hesitações, pede que se aprofunde o problema numa psicoterapia cuja duração será de um ano. A psicoterapia decorre sem atritos e a paciente solta-se manifestamente, o que, aliás, é notado pelos familiares. Cerca de dois meses antes do término da terapia, Eléonore diz, no princípio da sessão, que não lhe apetecia ir e que não entende o motivo. Sabe, no entanto, que as sessões lhe fazem bem, que, muitas vezes, sai mais descontraída e que gosta muito de ali estar. Não consegue entender a causa da sua reticência. Outros temas são abordados, mas nada de novo surge. Na sessão seguinte, Eléonore diz sentir-se muito bem em comparação com a anterior. Acrescenta que o marido a acha tão descontraída que teme um pouco o momento em que a psicoterapia terminar. Uns instantes depois, começa a sentir-se um pouco ansiosa e interroga-se: «Não sei porque é que tenho tanto medo de me abrir aqui.» Acrescenta que, no entanto, mudou muito e que, antigamente, se escondia sempre sob uma carapaça que a protegia contra todos os acontecimentos infelizes. «Tenho a certeza de que se o meu marido me tivesse deixado há uns quatro ou cinco anos, eu teria superado isso sem dificuldade; mas, agora», afirma. O terapeuta faz ver a Eléonore que esta talvez receie estar menos protegida contra as emoções que possa sentir ao terminar a psicoterapia. A paciente fica manifestamente perturbada e diz que esse aspecto lhe tinha escapado totalmente mas confessa que, alguns dias antes, tinha consultado a agenda para verificar a data do fim da psicoterapia. E passa o resto da sessão a elaborar a mescla de prazer e receio que lhe causa a descoberta de poder renunciar a contar apenas consigo própria e passar a apoiar-se mais nos que a rodeiam. Reconhece aliás que os próprios familiares mudaram muito de atitude em relação a ela e se mostram muito mais atenciosos.

Esta passagem é bem característica do clima do processo psicoterapêutico nas personalidades neuróticas. O sujeito mentaliza bem os problemas, não age mas fala de fantasmas de acções e relaciona-os muito bem com a sua vida quotidiana. Para além disso, não há necessidade de intervir activamente para o centrar de novo no *focus*; o paciente fá-lo espontaneamente.

Princípio de pertinência

O presente capítulo terá permitido compreender que substituímos a noção de actividade introduzida por Ferenczi, e adoptada por todos em psicoterapia breve, pela de *pertinência*. É ao adaptar a nossa atitude terapêutica (nomeadamente, na escolha do nível da interpretação) à problemática do paciente que ofereceremos, a ele e a nós, o máximo de hipóteses de êxito, num lapso de tempo relativamente curto.

No capítulo 10, lembrámos esquematicamente alguns princípios fundamentais da interpretação adaptada às diferentes organizações de personalidade, princípios esses que são válidos ao longo de toda a psicoterapia. Não cabe no âmbito deste livro desenvolver este tema em pormenor, mas não esqueçamos que é totalmente errado supor que se ajuda um paciente considerando-o mais evoluído no plano psicogenético do que na realidade o é. O único efeito desta atitude será o de o paciente se sentir incompreendido. Supõe-se, demasiadas vezes ainda, prejudicar o paciente ao expor as suas angústias psicóticas. Pelo contrário, ele ficará grato por isso e a aliança terapêutica sairá reforçada. Um último exemplo facilitará a compreensão do que afirmámos.

Exemplo

Durante uma psicoterapia psicanalítica, uma jovem paciente pré-psicótica narra de uma forma um tanto confusa um episódio conflituoso ocorrido entre ela e o namorado que se encontrava no estrangeiro, em casa dos pais. Ela tivera um comportamento irreflectido, diz, quando o companheiro lhe anunciara que prolongaria a sua estada. Quando soube dos motivos desse prolongamento (doença da mãe dele), sentiu-se muito «culpada». E desenvolve longamente o assunto do arrependimento pela sua «reacção irreflectida»; o psicoterapeuta, vendo um problema edipiano na atitude da paciente, relaciona esta sua atitude com o facto de se ter sentido culpada em relação à mãe do namorado. O único efeito que esta interpretação produziu foi o de aumentar a confusão e a logorreia da paciente.

A situação que acabámos de descrever tinha aparentemente o perfil de uma situação edipiana, mas o que escapava ao psicoterapeuta era o facto de que o discurso de um neurótico teria sido bem diferente. Teria dito, por exemplo: «Não entendo porque é que reagi assim», levando a supor que, noutras circunstâncias, se teria comportado de outra maneira e que não tinha qualquer dificuldade em controlar as suas pulsões. O paciente pretenderia compreender o significado do seu gesto. A nossa paciente, pelo contrário, censura-se por não ter conseguido dominar-se, por não ter conseguido controlar os seus movimentos agressivos, o que a fez sentir-se «culpada quando, na realidade, estava envergonhada». O que a perturbava era um sentimento de insuficiência e de incapacidade de controlo. Quando o psicoterapeuta o entendeu e lho disse, a tensão desapareceu imediatamente.

O destaque que se segue resume alguns dos princípios gerais que convém respeitar para cada organização de personalidade. Trata-se, como é evidente, de um enquadramento que não reflecte as subtilezas da psicoterapia. Podemos considerá-lo um repertório resumido dos erros a não cometer. Afirmamos muitas vezes que temos de olhar para psicoterapia como para uma peça de música: tem uma *partitura* que deve ser rigorosamente respeitada, mas a *interpretação* pode variar muito de acordo com cada executante.

INTERPRETAÇÃO: PRINCÍPIOS FUNDAMENTAIS

Psicóticos e pré-psicóticos: pôr em evidência o valor estruturante das defesas. Evitar interpretar as defesas «contra» os desejos.
Perversos: evitar qualquer interpretação que possa dar a impressão de que se pretende exibir conhecimentos. O psicoterapeuta deve expor claramente os seus próprios limites.
Borderline: pôr em evidência a relação com o Ego ideal e os sentimentos de vergonha mobilizados pela mais pequena falha. Evitar toda a interpretação que leve o paciente a supor que o Ego ideal está a ser atacado.
Narcísico: pôr em evidência a relação entre sofrimento e preocupação da perfeição. Evitar toda a intervenção «antinarcísica»: o paciente fá-la-á ele próprio, espontaneamente.
Neurose: técnica psicanalítica clássica.

Conclusão

Como salientámos no capítulo 5, a maioria dos psicoterapeutas pratica psicoterapias breves sem o confessar e, por vezes, até sem o saber. É intuitivamente que aplicam os princípios que acabámos de enumerar, tanto no âmbito da investigação psicodinâmica breve, como no da psicoterapia psicanalítica breve. Na maior parte dos casos, é o paciente que impõe este procedimento, o que é compreensível, visto ser ele quem solicita apoio. Além disso, o dever do psicoterapeuta é o de responder o melhor possível ao pedido realizado e não o de impor o seu ponto de vista. A psicoterapia é um método destinado a responder às necessidades do paciente e não uma ideologia. Os princípios que desenvolvemos obedecem a uma linha muito clara de pensamento, a um modelo de referência preciso e a um grande rigor na definição dos objectivos estabelecidos em função de diagnósticos precisos que contemplam a organização da personalidade em crise, bem como a natureza da mudança psíquica que pode ser operada. É necessária também uma grande perspicácia na análise dos processos em curso, análise que leva em linha de conta a relação terapêutica e não exclusivamente a problemática do paciente. Se, quaisquer que sejam as variantes teóricas do psicoterapeuta, estes princípios forem respeitados verificar-se-á que a duração de muitos tratamentos é automaticamente reduzida. A psicoterapia breve não é apanágio de especialistas, mas pode ser adoptada por todos os psicanalistas interessados na prática psicoterapêutica.

CONCLUSÃO

A abordagem das psicoterapias apresentadas neste livra é rigorosamente psicanalítica – assim como, obviamente, as referências teóricas nas quais se baseiam na medida em que respeita o conjunto dos princípios fundamentais da psicanálise, a saber, a neutralidade, a abstinência do terapeuta, as associações livres, as interpretações, etc. Todavia, a sua originalidade reside no facto de já não considerar o enquadramento como um «fundo silencioso» mas, pelo contrário, se interrogar sobre os seus efeitos. Qual é o impacte que as modificações do enquadramento produzem no funcionamento psíquico?

Vimos que o nascimento e o desenvolvimento das psicoterapias psicanalíticas – e sobretudo as de curta duração – podem ser interpretados como uma reacção ao prolongamento crescente da cura psicanalítica e que as suas características essenciais são reflexo dessa reacção. O psicanalista abandona a sua neutralidade para se tornar visível (passagem ao face a face), é com frequência mais activo e a duração do tratamento é, em consequência, reduzida «artificialmente». Por outra lado, a psicopatologia deixa de ser entendida como o resultado de uma perturbação global da personalidade, e passa a ser considerada como a expressão de um problema «focalizado», concepção esta que, como afirmou M. Balint, é uma forma moderna de retorno à óptica «traumática» dos *Études sur l'hystérie* (*Estudos sobre a Histeria*) (noção de *focus*) (Malan, 1963).

Este movimento nasceu com S. Ferenczi e vimos que Freud, depois de o ter seguido durante algum tempo, acabou por se opor a ele, tal como já tinha recusado as ideias «dissidentes» de Adler ou de Jung que, na sua opinião, adoçavam fortemente as concepções fundamentais da psicanálise. Esta oposição teve uma grande influência no desenvolvimento do pensamento freudiano, uma vez que o tema desencadeador da discórdia – o prolongamento das curas – será explicado (assim como a reacção terapêutica negativa) pela compulsão à repetição, conceito introduzido na «viragem de 1920». Esta viragem será ela própria seguida de nova elaboração teórica que, em 1923, dará origem à «segunda tópica» (*Id*/Ego/Superego).

Pela nossa parte, perguntamo-nos se o advento das psicoterapias breves ou das outras dissidências será ou não uma das consequências lógicas da dinâmica intersubjectiva instaurada pela situação psicanalítica, em que a subjectividade do paciente ocupa todo o espaço e o psicanalista fica apenas com a sua teoria.

Com efeito, sabe-se que a psicanálise engendrou não só inúmeras dissidências, mas também abundantes escolas teóricas no seu próprio seio, a tal ponto que nos perguntamos se esta não sofrerá de um excesso de teorias e de um defeito de empirismo. Aqui reside toda a questão da investigação em psicanálise e do seu estatuto científico. Os psicanalistas manifestaram grande entusiasmo pelo especulativo, entusiasmo que coincidiu com um reduzido interesse pelas autênticas investigações científicas baseadas numa metodologia minimamente rigorosa.

Nesta mesma linha de raciocínio, D. Widlöcher salienta que:

> A literatura psicanalítica é rica em teorias e hipóteses, mas espantosamente pobre na definição de zonas de ignorância. E serão estas as perguntas de que deveremos partir: «O que ignoramos? O que deveríamos saber? Como definir os nossos enigmas?» [1986]

O enigma a que, pelo nosso lado, tentámos responder tem a ver com a multiplicidade das técnicas, sejam estas psicanalíticas ou outras, que parecem, todas elas, chegar a resultados terapêuticas favoráveis (Luborsky, 1975, e Grave, 1987, por exemplo).

A duração das curas, as técnicas e as referências teóricas podem variar consideravelmente mas os efeitos são similares.

Esta constatação preocupou não só a maioria dos psicanalistas, como também muitos outros psicoterapeutas e assistimos então a lutas de prestígio, em que se confrontaram pontos de vista radicalmente divergentes. Por um lado, tentou provar-se que determinado método era superior a outro; por outro lado, pretendeu provar-se que o método em si não importava e que só a vontade de ajudar o paciente era eficaz; e tudo isto para se acabar por negar o valor real das psicoterapias e se afirmar que bastava esperar que as perturbações psíquicas melhorassem espontaneamente (Eysenck, 1952).

Enquanto estas tomadas de posição se fundavam, na sua maioria, num *a priori*, a nossa abordagem, essencialmente empírica, assenta num postulado de partida, isto é, *na validade das teses psicanalíticas fundamentais. A nossa reflexão levou-nos a propor* duas hipóteses complementares:

1. A situação psicanalítica pode ser considerada como um enquadramento experimental revelador da personalidade do sujeito.

2. A modificação do enquadramento influencia o funcionamento psíquico.

Destas duas hipóteses, a partir das quais desenvolvemos as nossas investigações, resultou o estudo do dispositivo do tratamento e das interacções, fenómenos que de certo modo vão para além do campo psicanalítico *stricto sensu*. Apenas nos limitámos a seguir o exemplo do próprio Freud, que sempre teve a preocupação de não fechar o «quadro» das suas hipóteses de trabalho. Sem nos desviarmos do caminho aberto por ele, explorámos o campo das relações entre o pensar e o agir, entre a transferência e as interacções. Esta posição implicava levar em linha de conta a *participação do objecto no equilíbrio do sujeito* (de uma maneira geral mas mais particularmente na situação psicanalítica, em que o psicanalista pode alimentar inconscientemente as resistências do paciente, por exemplo). E foi por isso que desenvolvemos uma teoria de apoio objectal.

Na fronteira da psicanálise, preocupámo-nos então com o significado que o sujeito atribuiria à delimitação temporal da cura e à possibilidade que lhe era oferecida de observar o seu psicanalista, bem como em evidenciar a natureza dos afectos mobilizados por essas situações. Finalmente, fizemos corresponder essas manifestações às diversas organizações de personalidade.

Esperamos ter tornado clara a abertura que estas concepções permitem e a óptica segundo a qual nos propusemos realizar o nosso trabalho, promovendo um alargamento considerável do campo das indicações das psicoterapias psicanalíticas breves, bem como uma melhor compreensão dos fenómenos psíquicos.

BIBLIOGRAFIA

ALEXANDER, F. (1944), *Psychothérapie analytique*, Paris, PUF, 1959.
ALEXANDER, F. (1946), *Psychoanalytic therapy*, Ronald Press Company, Nova Iorque; tradução francesa, Paris, PUF, 1959.
BAHREY, F.; MCCALLUM, M.; PIPER, W. E. (1991), «Emergent Themes and Roles in Short Term Loss Groups», *Int. J. of Group Psychoter.*, 41 (3), pp. 329-345.
BALINT, M. (1960), *Le Médecin, son malade et la maladie*, Paris, PUF. Edição portuguesa: *O Médico, o Seu Doente e a Doença*, Lisboa, Climepsi Editores, 1998.
BALINT, M. (1971), *Le défaut fondamental*, Paris, Payot.
BATESON, G. (1980), *Vers une écologie de l'esprit*, tomo 2, Paris, Le Seuil.
BELLACK, SMALL (1968), *Emergency Psychotherapy and Brief Psychotherapy*, Nova Iorque, Grune & Stratron.
BERGERET, J. (1996), La personnalité normale et pathologique, Paris, Dunod. Ed. portuguesa, *A Personalidade Normal e Patológica*, 3.ª ed., Lisboa, Climepsi Editores, 2000.
BERGLER, E. (1969), *La Névrose de base*, Paris, Payot.
BETZ, N.; SHULLMAN, S. (1979), «Factors Related to Client Return Following Intake», *J. Counsel. Psychol.*, 26, pp. 542-545.
BLEGER, J., «Psychoanalysis and the Psychoanalytic Frame», *Int. J. Psychoanal.*, 48, pp. 511-519.
BONAPARTE, M. (1940), «Time and the Unconscious», *Int. J. Psychoanal.*, 21, pp. 427-468.
BONSACK, C.; GILLIERON, E. (1996), «Le Niveau développemental de l'angoisse, en psychiatrie psychodynamique», *Confrontations psychiatriques*, 36, pp. 193-210.
BOVET, J.; GILLIERON, E. (1980), «Evaluation of Psychotherapies and Osgood's Semantic Differential. A tentative Approach», *Psychother. Psychosom.*, 1-2, 33, pp. 46-58.
BRANDT, L. W.; RUTHEFORD, N. J. (1964), «Rejection of Psychotherapy», *Arch. Gen. Psychiatry*, 10, pp. 310-313.
BRANDT, K. H.; ZECH, H. (1991), «Auswirkungen von Kurzzeitpsychotherapie auf den Erfolg in einem in-vitro-Fertilisierung/embryotransfer-Programm Source», *Wiener Medizinische Wochenschrift*, 141 (1-2), pp. 17-19.
BRUSSET, B. (1988), *Psychanalyse du lien*, Paris, Le Centurion.
BRYOIS-HANIC, E. (1994), «Intervention psychothérapique en quatre séances», tese, Lausana.
CAIN, J. (1982), *Temps et psychanalyse*, Toulouse, Privat.

CATALAN, J.; GATH, D. H.; ANASTASIADES, P.; BOND, S. A.; DAY, A.; HALL, L. (1991), «Evaluation OS a Brief Psychological Treatment for Emotional Disorders in Primary Care», *Psychological Medicine*, 21 (4), pp. 1013-1018.

CHRIST, G. H.; SIEGEL, K.; MESAGNO, F. P.; LANGOSCH, D. (1991), «A Preventive Intervention Program for Bereaved Children: Problems of Implementation», *Am. J. Orthopsychiat.*, 61 (2), pp. 168-178.

CONTE, H. R.; PLUTCHIK, R.; PICARD, S.; KARASU, T. B. (1991), «Can Personality Traits Predict Psychotherapy Outcome?», *Comprehensive Psychiatry*, 32 (1), pp. 66-72.

COQUOZ, N. (1996), «Étude épidémiologique descriptive des ruptures précoces de traitement psychiatrique dans une structure ambulatoire», tese, Lausana.

CURRAT, T. (1997), «Inférer la relation à partir des interactions affectives: fonctions du sourire mutuel dans le flux interactionnel de l'investigation psychodynamique brève», tese, Lausana.

DAIE, N.; WITZIUM, E. (1991), «Short-Term Strategic Treatment in Traumatic Conversion Reactions», *Am.J. Psychother.*, 45 (3), pp. 335-347.

DAVANLOO, H. (1978), *Basic Principles and Techniques in Short-Term Dynamic Psychotherapy*, Nova Iorque, SP Medical and Scientific Books.

DE ROTEN, Y.; CURRAT, T.; GILLIERON, E. (1996), «Relationship Regulation Process During Short Psychotherapeutic Intervention», Society for Psychotherapy Research, 5th European Conference on Psychotherapy Research.

DONNET, J-L. (1973), «Le Divan bien tempéré», *Nouvelle Revue de Psychanalyse*, 8, pp. 23-49.

EIZIRIK, C. L.; COSTA, F.; KAPEZINSKI, F.; PILTCHER, R.; GAUER, R.; LIBERMANN, Z. (1991), «Observing Counter transference in Brief Dynamic Psychotherapy», *Psychotherapy & Psychosomatics*, 56 (3), pp. 174-181.

ELLENBERGER, H. (1974), *À la découverte de l'inconscient. Histoire de la psychiatrie*, Villeurbanne, SIMEP.

EPPERSON, D. L. (1981), «Counselor Gender and Early Premature Termination from Counseling», *J. Counsel Psychol.*, 38-4, pp. 349-356.

EY, H. (1974), *Manuel de psychiatrie*, Paris, Masson.

EYSENCK, H. J. (1952), «The Effects psychotherapy an Evaluation», *J. Cons. Psychol.*, 16, p. 319.

FERENCZI, S. (1919a), «L'influence exercée sur le patient en analyse», in *Œuvres complètes*, tomo III, Paris, Payot, 1972, pp. 24-26.

FERENCZI, S. (1919b), «La Technique psychanalytique», in *Psychanalyse 2*, Paris, Payot, 1973.

Ferenczi, S. (1921), «Prolongement de la technique active», in *Psychanalyse 3*, Paris, Payot, 1990.

FERENCZI, S. (1925), «Psychanalyse des habitudes sexuelles», in *Psychanalyse 3*, Paris, Payot, 1990.

FERENCZI, S.; RANK, O. (1924), *Perspectives de la psychanalyse*, Paris, Payot.

FIESTER, A. R.; RUDESTAM, K. E. (1975), «A Multivariate Analysis of the Early Drop-out Process», *J. Consult Clin. Psychol.*, 43, pp. 528-535.

FINNEY, J. W.; RILEV, A. W.; CATALDO, M. F. (1991), «Psychology in Primary Health Care: Effects of Brief Targeted Therapy on Children's Medical Care Utilization», *J. Pediat. Psychol.*, 16 (4), pp. 447-461.

FIVAZ-DEPEURSINGE, E., «Two Levels os Affective Regulation in Family and Therapeutic Interactions», in Società Italiana di Psicologia e Psicoterapia Relazionale, III Congresso Internazionale: Continuità, affetti e trasformazioni – Riserca e psicoterapia. Società Italiana di Psicologia e Psicoterapia Relazionale (a publicar).

FREUD, S. (1895), *Aus den Anfangen der Psychoanalyse*, Londres, Imago Publishing, 1950.
FREUD, S.; BREUER, J. (1896), *Études sur l'hystérie*, Paris, PUF, 1978.
FREUD, S. (1904), «La Méthode psychanalytique de Freud», in *La Technique psychanalytique*, Paris, PUF, 1967, p. 5.
FREUD, S. (1910a), «À propos de la psychanalyse dite sauvage», in *La Technique psychanalytique*, Paris, PUF, 1967, pp. 37-38.
FREUD, S. (1910b), «Perspectives d'avenir de la thérapeutique analytique», in *La Technique psychanalytique*, Paris, PUF, 1967.
FREUD, S. (1912b), « Conseils aux médecins sur le traitement analytique», in *La Technique psychanalytique*, Paris, PUF, 1967, p. 61.
FREUD, S. (1912a), «La Dynamique du transfert», in *La Technique psychanalytique*, Paris, PUF, 1967.
FREUD, S. (1913), «Le début du traitement», in *La Technique psychanalytique*, Paris, PUF,1967.
FREUD, S. (1914), «Remémoration, répétition et perlaboration», in *La Technique psychanalytique*, Paris, PUF, 1967.
FREUD, S. (1915), «Observations sur l'amout de transfert», in *La Technique psychanalytique*, Paris, PUF, 1967.
FREUD, S. (1919), *Les Voies nouvelles de la thérapeutique psychanalytique*, Paris, PUF, 1967.
FREUD, S. (1919), «Les voies nouvelles de la thérapeutique psychanalytique», in *La Technique psychanalytique*, Paris, PUF, 1967.
FREUD, S. (1949), *Abrégé de psychanalyse*, Paris, PUF.
FREUD, S. (1967), «L'homme aux loups», in *Cinq psychanalyses*, Paris, PUF.
FREUD, S. (1989), «Au-delà du principe de plaisir», in *Essais de psychanalyse*, Paris, Payot.
GABBARD, G. O. (1990), «Psychodynamic Psychiatry in Clinical Practice», *Am. Psychiat. Press*.
GALLAGHER, E. B.; KANTER, S. S. (1961), «The Duration of outpatient psychotherapy», *Psychiatric Quaterly Supplement*, 35, pp. 312-331.
GARFIELD, S. L. (1977), «A note on the Confonding of Personality and Social Class Characteristics in Research on Premature Termination», *J. Consult. Clin. Psychol.*, 45, pp. 483-485.
GARFIELD, S. L.; AFFLECK, C.; MUFFLY, R. (1963), «A study of Psychotherapy Interaction and Continuation in Psychotherapy», *J. Clin. Psychol.*, tomo XIX, pp. 473-478.
GENDROT, J. A. (1968), «S'agit-il d'un traitement?», introdução ao colóquio sobre a análise interminável, *Revue française de psychanalyse*, Paris, PUF, tomo XXXII, 2, p. 217.
GILLIERÓN, E. (1985), «Approche psychanalytique des thérapies familiales», *Arch. Suisses de Neurologie, Neurochirurgie, Psychiatrie*, 136/6, pp. 115-126.
GILLIERÓN, E. (1990), *Les psychothérapies brèves*, Paris, PUF.
GILLIERÓN, E. (1996), *Le Premier Entretien en psychothérapie*, Paris, Dunod. Edição portuguesa: *A Primeira Entrevista em Psicoterapia*, Lisboa, Climepsi Editores, 2001.
GILLIERÓN, E.; BOVET, J. (1983), «Effets des psychothérapies: Etat d'une recherche prospective», *Annales médico-psychologiques*, 141/6, pp. 651-664.
GILLIERÓN, E.; BOVET, J.; BAILLIF, J. F. (1986), «Changements survenus en psicothérapie mesurés à l'aide du différenciateur sémantique d'Osgood. Élaboration méthodologique», *Arch. Suisses Neurologie, Neurochirurgie, Psychiatrie*, 1/137, pp. 5-46.
GILLIERÓN, E.; BOVET, J.; BAILLIF, J. F. (1987), «Evaluation of the Mental Changes Occurring in Psychotherapy by Content Analysis of Replies to a Clinical Questionnaire – Methodological Approach», in *Progress in Psychotherapy Research*, W. Huber, Presses Universitaires de Louvain, pp. 525-550.

GILLIERÓN, E.; MERCERON, C.; PIOLINO, P.; ROSSEL, F. (1980), «Evaluation des psychothérapies analytiques brèves et de longue durée. Comparaison et devenir», *Psychologie médicale*, 12, pp. 623-636.
GRAWE, K.; SOEGFRIED, J. (1987), «The Quality of Psychotherapy Research – Some Prominent Studies Revisited», in *Progress in psychotherapy research*, W. Huber, Presses Universitaires de Louvain, pp. 747-769.
GREEN, A. (1974), «L'Analyste, la symbolisation, l'absence», *Nouvelle Revue de psychanalyse*, 10, pp. 237-238.
GRUNBERGER, B. (1974), «De la technique active à la confusion des langues», *Revue française de psychanalyse*, tomo XXXVII, n.º 4, pp. 522-524.
HALEY, J. (1963), *Strategies of Psychotherapies*, Nova Iorque, Grune & Stratton.
HAYNAL, A. (1987), *La Technique en question*, Paris, Payot, pp. 13-29.
HUBERT, W. (1987), *Progress in Psychotherapy Research*, Presses Universitaires de Louvain.
JENNING, P. S. (1991), «To Surrender Drugs: a Grief Process in its Own Right», *J. Substance Abuse Treatment*, 8 (4), pp. 221-226.
JONES, E. (1990), *La Vie et l'œuvre de Sigmund Freud*, tomo 3, Paris, PUF.
KAFKA, J.-S. (1993), «Le Temps en psychothérapie et en psychanalyse», conferência apresentada na Policlinique Psychiatrique de Lausanne, em 23 de Janeiro.
KAFLAN, H. I.; SADDOCK, B. J. (1981), *Modern Synopsis of Comprehensive Textbook of Psychiatry*, tomo III, Baltimore-Londres, Williams & Wilkins.
KATZ, J.; SALOMON, R. Z. (1958), «The Patient and his Experiences in an Outpatient Clinic», *Arch. Neurol. Psychiatr.*, 26, pp. 542-545.
KAUFMANN, L.; GILLIERÓN, E. (1971), «La Dimension familiale dans les troubles psychiatriques et psychosomatiques», *Praxis*, 60/11, pp. 332-337.
KERNBERG, O. (1975), *Borderline conditions and pathological narcissism*, Nova Iorque, Jason Aronson.
KHAN, M. (1976), *Le Soi caché*, Paris, Gallimard, pp. 48-49.
KRAUSKOFF, C.; BAUMGADNER, A.; MANDRACHIA, S. (1981), «Return Rate Following Intake Revisited», *J. Counsel Psychol.*, 28, pp. 519-521.
LAPLANCHE, J. (1980), *Problématiques I, L'Angoisse*, Paris, PUF, p. 89.
LAPLANCHE, J.; PONTALIS, J.-B. (1967), *Vocabulaire de la Psychanalyse*, Paris, PUF, p. 421.
LAWRENCE, S. N. (1982), «Factors Associated with Premature Termination of Adults in an Inner and/or Outpatient Clinic», *Dissertation Abstracts International*, 42, 4934.
LEBOVICH, M. A. (1981), «Short-Term Psychotherapy for the Borderline Personality Disorder», *Psychotherapy ad Psychosomatics*, 35/4, pp. 245, 257.
LEWIN, K. (1970), *Brief encounters*, St-Louis, Missouri, Warren H. Green.
LICHTENTHAELER, C. (1978), *Histoire de la médecine*, Paris, Fayard.
LIEURY, A. (1975), *La Mémoire*, Bruxelas, Dessan & Mardaga.
LUBORSKY, L. (1977), «Measuring a Pervasive Psychic Structure in Psychotherapy: The Core Conflictual Relationship Theme», in *Communicative Structures and Psychic Structures*, Nova Iorque, N. Freedman e S. Grand, Plenum, pp. 367-395.
LUBORSKY, L. (1984), *Principles of Psychoanalytic Psychotherapy. A Manual for Supportive-Expressive Treatment*, Nova Iorque, Basic Books, Paris, tradução francesa, PUF, 1996.
LUBORSKY, L.; SINGER, B. (1975), «Comparative Studies of Psychotherapies: Is it True that "Everybody has won and ail must have prizes"?», *Arch. Gen. Psychiatr.*, 32, pp. 995-1008.
MAROLER, A. (1970), *De la psychanalyse à la psychothérapie appellative*, Paris, Payot.
MALAN, D. (1963), *A Study of Brief Psychotherapy*, Social Science Paperbacks, Tavistock Publications Limited.

Malan, D. et al. (1975a), «Psychodynamic Changes in Untreated Neurotic Patients», *Arch. Gen. Psychiatry*, 32, pp. 110-126.
Malan, D. (1975b), *La psychothérapie brève*, Paris, Payot, pp. 18-19.
Moreau, D.; Mufson, L.; Weissmann, M. M.; Klerman, G. L. (1991), «Interpersonal Psychotherapy for Adolescent Depression: Description of Modification and Preliminary Application», *J. Am. Academy Child Adolescent*, 30 (4), pp. 642-651.
Pekarik, G.; Finney-Owen, K. (1987), «Outpatient Clinic Therapist Attitudes and Beliefs Relevant to Client Dropout», *Community Ment. Health J.*, 23, pp. 120-130.
Peter, D. (1991), «Consultation psychiatrique et crise: du modèle à la pratique», *Revue médicale de la Suisse romande*, 111 (8), pp. 711-716.
Piper, W. E.; Azim, H. F.; Joyce, A. S.; McCallum, M. (1991), «Transference Interpretations, Therapeutic Alliance and Outcome in Short-Term Individual Psychotherapy», *Arch. Gen. Psychiatry*, 48 (10), pp. 946-953.
Porot, A. (1975), *Manuel alphabétique de psychiatrie*, Paris, PUF, p. 542.
Puget, J. (1989), *Violence d'État et psychanalyse*, Paris, Dunod.
Racamier, P. C. (1962), «Propos sur la réalité dans la théorie psychanalytique», *Revue française de psychanalyse*, 6, pp. 675-710.
Rickmann, J. (1930), «Numbers and Human Sciences», in *Selected contributions to psychanalysis*, Londres, Hogarth Press, 1957.
Sauguet, H. (1969), «Le Processus analytique, notes pour une introduction», *Revue française de psychanalyse*, tomo XXXIII, p. 913.
Scheflen, A. E. (1981), «Systèmes de la communication humaine», in G. Bateson, R. Birdwhisrell, E. Goffman, E. T. Hall, D. Jackson, A. Scheflen, S. Sigman, P. Watzlawick (eds.), *La Nouvelle Communication*, Paris, Le Seuil.
Sifneos, P. (1972), *Psychothérapie brève et crise émotionnelle*, Bruxelas, Mardaga, 1997.
Sifneos, P. (1987), *Short-Term Dynamic Psychotherapy Evaluation and Technique*, Nova Iorque, Plenum.
Sifneos, P. (1992), *Short-Term Anxiety-Provoking Psychotherapy, A Treatment Manual*, Basic Books.
Steckel, W. (1975), *Technique de la psychothérapie analytique*, Paris, Payot.
Strachey, J. (1934), «La nature de l'action thérapeutique de la psychanalyse», *Revue française de psychanalyse*, tomo XXXIV, n.° 2, Paris, PUF, 1970.
Strupp, H. H.; Binder, J. L. (1984), *Psychotherapy in a New Key, A Guide to Time-Limited Dynamic Psychotherapy*, Harper Collins.
Sweit, C. Jr.; Noones, J. (1989), «Factors Associated with Premature Termination from Outpatient Treatment», *Hosp. Community Psychiatry*, 40, pp. 947-995.
Vaillant, G. E. (1992), *Ego Mechanisms of Defense*, American Psychiatric Press, Washington.
Viderman, S. (1970), *La construction de l'espace analytique*, Paris, Denoël.
Viderman, S. (1974), «Constructions et reconstructions», *Revue française de psychanalyse*, tomo XXXVIII, 2/3, Paris, PUF.
Vincent, M. (1983), «Un point de vue psychanalytique sur les théories familiales», *Psychothérapies*, 4, pp. 277-280.
Watzlawick, P.; Helmick-Beavin, J. (1972), *Une logique de la communication*, Paris, Le Seuil.
Watzlawick, P.; Weakland, J.; Fisch, R. (1975), *Changements, paradoxes et psychothérapie*, Paris, Le Seuil.
Wegmann-Coguati, M., *Psychothérapie brève d'inspiration psychanalytique, étude catamnestique* (obra não publicada).

WEINER, I. B.; EXNER, J. E. JR. (1991), «Rorschach Changes in Long-Term and Short Term Psychotherapy», *J. Personality assessment*, 56 (3), pp. 453-465.
WIDLÖCHER, D. (1986), *Métapsychologie du sens*, Paris, PUF.
WIDLÖCHER, D. (1996), *Les Nouvelles Cartes de la psychanalyse*, Paris, Odile Jacob.
WINNICOTT, D. W. (1976), «Jouer, l'activité créative et la quête de soi», in *Jeu et réalité*, Paris, Gallimard.
WINSTON, A.; POLLACK, J.; MCCULLOUGH, L.; FLEGENHEIMER, W.; KESTINBAUM, R.; TRUJILLO, M. (1991), «Brief psychotherapy of personality disorders», *J. Nerv. Ment. Dis.*, 179 (4), pp. 188-193.

ÍNDICE REMISSIVO

A

Abstinência, 28, 37-38, 42, 67, 75, 79, 91, 119, 146, 152-153, 162, 164, 169.
Acting out, 115, 131, 149, 162, 165.
Actividade, 19-20, 32, 42-45, 48, 55, 57, 59, 63, 65, 67, 79, 84, 86, 89, 91-92, 112, 124-125, 138, 146-147, 150-152, 163, 166. *Ver também* interacção.
Afectiva, 128-129.
Agorafobia, 152.
Agressivo, agressividade, 109, 120-121, 135, 161, 167.
Aliança terapêutica, 60-61, 66-67, 133, 134, 167.
Anamnese associativa, 107, 134.
Angústia, 11, 61, 89-90, 101, 119-121, 135, 138-139, 141-142, 146, 148, 150--151, 155-157, 160, 162, 167.
Ansiedade, ansioso, 59-61, 129, 137, 140, 151, 156-157, 166.
Associação livre, 44, 48.
Atenção selectiva, 58, 62, 86, 153.

B

Borderline (estado-limite), 89, 93, 109, 112, 124-125, 142, 151, 153-154, 157, 165, 168.

C

Casal, 112.
Clivagem, 76, 92.
Comportamento, 24, 27, 29, 36, 45, 47, 53, 56-57, 62, 79-80, 84-85, 87, 96-97, 104-105, 114-116, 120-121, 123, 129, 134, 137, 142, 145, 147, 151, 153, 155, 160-164, 167.
Comunicação, 15, 17, 32, 45, 56, 79, 95, 99, 113, 127, 131, 163.
Conflito, 23, 25, 44, 50-51, 63, 66, 93, 101, 116, 120, 135, 138, 152, 155, 161; conflito intrapsíquico, 116, 135.
Confrontação, 15, 18, 50, 86.
Conjugal, 94-97, 156, 165.
Consulta, 17, 70-72, 79, 82-83, 90-91, 94--95, 114, 117-119, 121, 133, 135, 138--140, 150, 153-156, 165.
Contratransferência, 34, 38-39, 46, 52, 65, 67, 87, 128, 146, 154, 165.
Corpo, 52, 72, 79, 105, 129.

D

Defesa, 24, 29, 31, 49, 69, 90, 118-119, 125, 130, 138-139, 142, 148, 153, 168.
Dependência, 27, 61, 106, 120.
Depressão, 94-97, 103, 119, 156, 162-163.
Desenvolvimento, 33, 38, 49, 56, 59, 70, 76, 80, 92, 101, 104, 106, 157, 169.
Diagnóstico, 16, 19-20, 56, 63, 73, 99, 107, 118, 134, 168.
Dinâmica, 28, 41, 46, 48, 50-52, 55, 58, 60, 63, 73, 78, 80, 82, 84, 90, 106, 111, 119, 124-125, 127, 133, 142, 149, 160, 165, 170.
Dispositivo, 15, 21, 24, 37, 55, 73-78, 84, 86, 91, 98, 112, 118-119, 121, 127-128, 131, 146-148, 150, 153, 156-157, 171.

Doença, 19, 22, 25-26, 33-34, 36, 39, 42, 73, 96, 99-101, 119, 138-139, 148, 156, 162, 167.
Duração, 15, 22, 26-27, 29, 38, 41, 46, 48, 52, 57-59, 62-64, 66-67, 69-70, 72, 78, 82, 86-87, 90-91, 98, 111-113, 117--118, 120, 122-125, 146-147, 149, 160, 166, 168-170.

E
Ego, 29, 36, 44, 46, 60, 62, 101, 103, 113, 117, 142, 148, 168, 170.
Ego ideal, 142, 168.
Emoção, 33-34, 39, 109, 120-121, 129--130, 151, 154, 160, 166.
Enquadramento, 18, 21, 26, 29, 32, 37, 39, 42, 44, 47, 49, 51-52, 55, 63, 71, 74-80, 84, 87, 89, 91-92, 94, 111, 114--117, 125, 134, 146-147, 149-151, 155, 157-160, 165, 169-170.
Esquizofrenia, 17, 112, 116, 123-124.
Estado-limite. *Ver Borderline*
Exemplos, 20, 57, 62, 91, 135, 154.

F
Familiar, família, 17-18, 27, 35-36, 51, 53, 57, 73, 81, 83-85, 92, 94, 96-97, 100, 103, 112, 115, 136, 140, 148, 156, 166.
Fobia, fóbico, 118-119, 125, 140, 152, 159, 180.
Focalização, 56, 64-65, 89, 152-154.
Frequência, 32, 36-37, 41, 48, 52, 78, 91, 95, 118, 125, 169.

G
Grito primal, 73, 81.

H
Hipnose, 31, 36, 46, 53, 55, 73.
Histeria, 19, 28, 84.

I
ICD-10, 99.
Id, 44, 103, 148, 170.
Ideal, 106, 142, 154, 168.
Identificação projectiva, 163.
Imaginário, 79, 100-101, 107, 130-131, 159.
Inconsciente, 23, 26-27, 29, 33-34, 38-39, 43-44, 59, 62, 65, 84, 93, 111-112, 114-

-115, 117, 121, 131, 148, 150, 155, 159, 164-165;
modelo do, 23.
Insight, 83.
Interacção afectiva, 129.
Interpessoal, relação, 36, 63, 77, 79, 84, 104-107, 112.
Interpretação, 19, 24, 31, 33, 35, 38, 44, 51-52, 56, 58, 84, 86-87, 90, 92, 97--98, 115-116, 121, 129, 133, 135, 138, 142, 146-147, 149, 153, 156, 158, 160--168.
Intervenção, 17-18, 38, 53, 55, 58, 62, 72, 118-120, 130, 141, 152, 156, 161, 163, 168.
Intrapsíquico, 23, 27-28, 44, 47-48, 62--63, 65, 85, 94-95, 104, 106, 116, 131, 134-135.
Investigação, 15, 17, 35, 52-53, 77, 90--92, 94, 98-99, 121, 133, 149, 152, 165, 168, 170;
psicodinâmica, 133-144.

L
Linguagem, 6.

M
Masochismo, 57.
Mentalização, 15, 21, 86, 106-107, 147--148.
Metateoria, 15, 81-88.
Modelos, 18, 55, 73-74, 80, 85.
Mudança psíquica, 17-19, 37, 51-52, 70, 72, 91, 97, 133-135, 152, 168.

N
Não verbal, 79-80, 106, 127-128.
Narcísico, 46, 101, 123, 125, 135-136, 154, 165, 168.
Narcisismo, 46.
Negligência, 62, 86;
selectiva, 58, 149, 152-153.
Neutralidade, 22, 38, 48, 55, 67, 75, 78--79, 91, 152, 169.
Normalidade, 19, 109.

O
Obsessivo, 18-19, 118, 123, 125.
Organização da personalidade, 24, 34, 98, 105, 114, 123-124, 168.

P
Passagem ao acto, *Ver acting out.*
Passividade, 28, 79, 84, 152.
Patologia, 46, 57, 78, 99, 169.
Pensamento, 13, 17, 21, 25, 28-29, 31, 33, 38, 50, 55, 69, 73, 75, 81, 86, 100--101, 106, 112, 140, 148, 152, 156, 168-169.
Percepção, 100, 119, 123, 127, 130-131.
Perversão, perverso, 55, 92, 124, 138, 153-154, 168.
Pré-psicótico (a), 93, 154, 165, 167-168.
personalidade, 125.
Psicanálise, 15, 18, 21-25, 55-57, 62, 69--70, 75-76, 81-82, 84-85, 87, 91-92, 104, 111-112, 123, 130-131, 145-148, 153, 160, 162, 165, 169-171.
Psicanalítico (a), 21-24, 26-29, 31-35, 37--39, 41, 43, 46.
Psicodinâmico, 17, 47, 57-58, 60-61, 90--91, 99-100, 118, 121, 133, 135, 138, 142, 148, 165, 168.
Psicofarmacológico, 133.
Psicopatologia, 17, 19-20.
Psicose, 113, 124, 142;
pré-psicose, 124, 142.
Psicossexual, 35.
Picoterapia breve, 15-16, 18, 21, 25, 27, 32, 36, 43, 47-49, 52-55, 59, 62-64, 66, 69-70, 72, 82, 86-87, 89-91, 98, 111, 117, 123, 143, 151, 155, 157, 160-161, 165-166, 168, 170.
Psicótico, 101, 103, 109, 123, 125, 145, 167, 168.
Psiquiatria biológica, 69.

R
Regras, 27-29, 31, 32, 35-38, 44, 57, 74--79, 85, 91-92, 97, 100, 108, 116, 146, 149, 151-153, 162, 164.
Regressão, 41, 46, 117, 149, 160.
Relação:
de objecto, 15, 137;

médico/paciente, 78;
objectal, 58, 101, 104.
Relaxação, 73, 79-80.
Representação, 95, 131, 138.
Resistência, 15, 21-22, 27-29, 31, 33-36, 39, 41-42, 49, 52, 55, 58-59, 64, 82, 86, 90-91, 115, 117, 130, 139, 143, 146-150, 152-153, 157, 159, 162-164, 171.

S
Setting, 24, 112, 146, 157.
Sexual, sexualidade, 34-35, 56, 101, 119--121, 150.
Sistema, 23, 28, 31, 56, 61, 66, 84, 90--91, 95-97, 99-100, 125, 129, 138, 165.
Sistémico, 15, 17-18, 53, 81, 84-85, 95, 103, 106, 113, 160.
Somático, 19-20, 25, 35, 59, 76, 93-95, 100, 146.
STAPP, 60-61.
Superego, 103, 148, 170.

T
Tempo, temporal, 15-19, 21-23, 25-27, 29, 35-36, 42, 51-52, 55, 61-63, 67, 72--73, 78, 80, 83, 86, 89, 92, 98, 105, 109, 111-114, 116-125, 129-130, 135, 137, 139, 145, 147-150, 153-155, 157, 159-160, 165-166, 169, 171.
Teoria, 15-18, 23-33, 41-42, 44, 47, 50, 53-54, 57, 73, 75, 77-82, 84-86, 89, 95, 100, 104, 106, 113, 138, 154, 160, 170--171.
Transferência, 27-29, 31, 34-39, 48-50, 56, 61, 67, 85, 87, 112, 115-116, 123, 125, 128, 131, 135, 148, 153, 155, 157--159, 161-162, 171.
Traumatismo psíquico, 23, 31, 94.

V
Verbal, verbalidade, verbalização, 51, 64--65, 79-80, 106, 127, 129, 133, 142, 147-148, 162.

CLIMEPSI EDITORES

ALCOOLISMO E TOXICOMANIAS MODERNAS

1. COMPORTAMENTOS ALCOÓLICOS E SEU TRATAMENTO
Jean Adès e Michel Lejoyeux

2. ABUSO DE ÁLCOOL E DROGAS
Marc A. Schuckit

3. A METADONA E OS TRATAMENTOS DE SUBSTITUIÇÃO
W. Lowenstein, L. Gourarier, A. Coppel, B. Lebeau e S. Hefez

4. CUIDADOS AO TOXICODEPENDENTE
Alain Morel, François Hervé e Bernard Fontaine

5. PREVENÇÃO DAS TOXICOMANIAS
Alain Morel, Michel Boulanger, François Hervé e Gérard Tonnelet

6. TOXICOMANIAS, SISTEMAS E FAMÍLIAS
François-Xavier Colle

7. TOXICOMANIAS
Pierre Angel, Denis Richard e Marc Vailleur

8. O ALCOÓLICO EM FAMÍLIA
Jean-Paul Roussaux, Blandine Faoro-Kreit e Denis Hers (coordenação)

9. CARREIRAS DE SAÍDA DA TOXICODEPENDÊNCIA
Manuel Sommer

CONFRONTAÇÕES

1. AS MIL FACES DA ADOLESCÊNCIA
Alain Braconnier e Daniel Marcelli

2. SIDA, EU E OS OUTROS
Victor Cláudio e Maria Mateus (coordenação)

3. PARA ACABAR COM AS TOXICOMANIAS
Jean-Pierre Jacques

4. VIOLÊNCIA DAS FAMÍLIAS. MAL DE AMOR
Claudie Danziger (coordenação)

5. SEM-AMOR, SEM-ABRIGO
António Bento e Elias Barreto

6. MEMÓRIAS DE TERRITÓRIO
Alain Jézéquel

CONVERGÊNCIAS

1. MEDICINA PSICOSSOMÁTICA. PERSPECTIVAS PSICOSSOCIAIS
André Haynal, Willy Pasini e Marc Archinard

2. A OUTRA METADE DA MEDICINA
Rui Mota Cardoso (coordenação)

3. *STRESS* E CARDIOLOGIA
Ovide Fontaine, Henri Kulbertus e Anne-Marie Étienne

4. ECONOMIA DA SAÚDE
Ariel Béresniak e Gérard Duru

5. CUIDADOS NA COMUNIDADE. ILUSÃO OU REALIDADE?
Jullian Leff (coordenação)

6. REABILITAÇÃO DE PESSOAS COM DOENÇA MENTAL
Margarida Cordo

CRESCENDO

**1. A CRIANÇA E O PSICÓLOGO
EM 40 PERGUNTAS**
Gérard Poussin

**2. A CRIANÇA E O MEDO
DE APRENDER**
Serge Boimare

3. A CRIANÇA INSTÁVEL
Maurice Berger

4. OS ADOLESCENTES VIOLENTOS
Yves Tyrode e Stéphane Bourcet

**5. A INTELIGÊNCIA DE UMA CRIANÇA.
MÉTODOS E TÉCNICAS DE AVALIAÇÃO**
Rosine Debray (coordenação)

DICIONÁRIOS

**1. DICIONÁRIO DAS CIÊNCIAS
DA TERRA E DA VIDA**
Michel Breuil

2. DICIONÁRIO MÉDICO
(3.ª ed. revista e actualizada)
L. Manuila, A. Manuila, P. Lewalle
e M. Nicoulin

3. DICIONÁRIO DE PSICOLOGIA
Roland Doron e Françoise Parot

**4. DICIONÁRIO ILUSTRADO
DE MEDICINA**
J. Quevauvilliers e L. Perlemuter

**5. DICIONÁRIO DE PSICOPATOLOGIA
DA CRIANÇA E DO ADOLESCENTE**
Didier Houzel, Michèle Emmanuelli e Françoise
Moggio (dir.)

ENFERMAGEM

1. PARA COMPREENDER OS DOENTES
Paul Morrison

**2. O MODELO DE ENFERMAGEM
ROPER-LOGAN-TIERNEY**
Nancy Roper, Winifred Logan e Alison J. Tierney

**3. A AXIOLOGIA DOS VALORES
E A SUA COMUNICAÇÃO NO ENSINO
DE ENFERMAGEM**
Francisco Firmino dos Reis
e Vítor Manuel C. P. Rodrigues

FUNDAMENTAL

**1. BASES NEUROLÓGICAS
DOS COMPORTAMENTOS**
Michel Habib

2. PSICANÁLISE
Alain Mijolla e Sophie de Mijolla-Mellor

GUIAS PRÁTICOS CLIMEPSI

**1. GUIA PRÁTICO CLIMEPSI
DA INSUFICIÊNCIA CARDÍACA**
Alain Cohen-Solal (coord.)

**2. GUIA PRÁTICO CLIMEPSI
DA HIPERTENSÃO ARTERIAL**
Xavier Girerd, Sophie Digeos-Hasnier
e Jean-Yves Le Heuzey

**3. GUIA PRÁTICO CLIMEPSI
DE ANÁLISES CLÍNICAS**
René Caquet

**4. GUIA PRÁTICO CLIMEPSI
DE IMUNOLOGIA GERAL**
Philippe Letonturier

**5. GUIA PRÁTICO CLIMEPSI
DE CLÍNICA GERAL**
Simon Cartwright e Carolyn Godlee

+ SAÚDE

**1. CONTRACEPÇÃO:
MANUAL PARA MULHERES E HOMENS**
Anne Szarewski e John Guillebaud

2. PSICOLOGIA DO ENVELHECIMENTO
Roger Fontaine

3. VIVER COM A DIABETES (2.ª ed. revista
e actualizada)
Associação Protectora dos Diabéticos
de Portugal

**4. ESQUIZOFRENIA.
CONHECER A DOENÇA**
Pedro Afonso

**5. PÉ DIABÉTICO, A CINDERELA
DA DIABETES**
Edna Pereira

MANUAIS UNIVERSITÁRIOS

1. INTRODUÇÃO À PSICOPATOLOGIA GERAL
Christian Scharfetter

2. A PERSONALIDADE NORMAL E PATOLÓGICA
Jean Bergeret

3. INTRODUÇÃO À PSICANÁLISE
Anthony Bateman e Jeremy Holmes

4. PSICOLOGIA PATOLÓGICA (2.ª ed.)
Jean Bergeret (direcção)

5. A PSICOLOGIA DA EMOÇÃO (2.ª ed.)
Kenneth Strongman

6. O RORSCHACH NA CLÍNICA DO ADULTO
Catherine Chabert

7. O RORSCHACH NA CLÍNICA INFANTIL
Nina Rausch de Traubenberg e Marie-France Boizou

8. UMA INTRODUÇÃO ÀS PSICOTERAPIAS
Sidney Bloch (coordenação)

9. MANUAL DE UTILIZAÇÃO DO TAT
Vica Shentoub e col.

10. MANUAL DE ESTATÍSTICA PARA PSICÓLOGOS
Nicolas Guéguen

11. PSICOLOGIA DA SAÚDE (2.ª ed. revista e aumentada)
Jane Ogden

12. INVESTIGAÇÃO E AVALIAÇÃO EM PSICOLOGIA E SAÚDE
José Luís Pais Ribeiro

13. PSICOLOGIA PEDIÁTRICA (2.ª ed. revista e aumentada)
Luísa Barros

14. PSICOLOGIA E PROMOÇÃO DA SAÚDE
Paul Bennett e Simon Murphy

15. PROVAS TEMÁTICAS EM CLÍNICA INFANTIL
Monika Boekholt

16. A PSICOPATOLOGIA À PROVA NO RORSCHACH
Catherine Chabert

17. PSICOLOGIA NOS CUIDADOS DE SAÚDE PRIMÁRIOS
Isabel Trindade e José A. Carvalho Teixeira

18. PSICOLOGIA COGNITIVA E PERTURBAÇÕES EMOCIONAIS
J. Mark G. Williams e cols.

19. PSICOLOGIA DINÂMICA E PSICANÁLISE
Alain Braconnier

20. PSICOSSOCIOLOGIA DA SAÚDE
Constança Paúl e António M. Fonseca

21. ATENÇÃO E EMOÇÃO, UMA VISÃO CLÍNICA
Adrian Wells e Gerald Matthews

22. TERRITÓRIOS DA PSICOLOGIA ONCOLÓGICA
Maria do Rosário Dias e Estrella Durá (coordenação)

23. INTRODUÇÃO CLÍNICA À PSICOLOGIA DA SAÚDE
Paul Bennett

24. OS ESTADOS DEPRESSIVOS NA ADOLESCÊNCIA
Daniel Marcelli

25. O DOENTE ONCOLÓGICO E A SUA FAMÍLIA
Maria da Graça Pereira e Cristiana Lopes

26. PSICOPATOLOGIA DO LACTENTE E DA CRIANÇA PEQUENA
Philippe Mazet e Serge Stoleru

27. ESTATÍSTICA APLICADA ÀS CIÊNCIAS SOCIAIS E HUMANAS
João Maroco e Regina Bispo

28. PERTURBAÇÕES EMOCIONAIS E METACOGNIÇÃO
Adrian Wells

29. INTRODUÇÃO À PSICOLOGIA COGNITIVA
Charles Tijus

30. NASCIMENTO E CONSTRUÇÃO DA MENTE
Antonio Imbasciati

31. VINCULAÇÃO. CONCEITOS E APLICAÇÕES
Nicole Guedeney e Antoine Guedeney (coords.)

32. PÂNICO – DA COMPREENSÃO AO TRATAMENTO
José Pinto Gouveia, Serafim Carvalho e Lígia Fonseca

33. SOBRE ESSAS COISAS A QUE CHAMAMOS CRENÇAS
António M. Diniz

MEDICINA

1. CUIDADOS MÉDICOS AO DOENTE IDOSO (esgotado)
M. R. P. Hall, N. W. J. Lennan e M. D. W. Lye

2. A PREVENÇÃO DA DEPRESSÃO E DA ANSIEDADE
Rachel Jenkins, Jennifer Newton e Robyn Young

3. PERTURBAÇÕES MENTAIS COMUNS. UM MODELO BIO-SOCIAL
David Goldberg e Peter Huxley

4. BASES DA PSIQUIATRIA MODERNA
Jennifer Barraclough e David Gill

5. CONTROLO DA DOR
S. W. Coniam e A. W. Diamond

6. SEIS MINUTOS PARA O DOENTE
Enid Balint e J. S. Norell

7. GUIA DE PSIQUIATRIA GERIÁTRICA
James E. Spar e Asenath La Rue

8. ENTREVISTA CLÍNICA E CUIDADOS AO PACIENTE
Allen J. Enelow, Douglas L. Forde e Kenneth Brummel-Smith

9. O MÉDICO, O SEU DOENTE E A DOENÇA
Michael Balint

10. O MUNDO ENCANTADO DO SONO
Peretz Lavie

11. AUTO-AVALIAÇÃO EM PSIQUIATRIA
Barbara Fadem e Steven Simring

12. CONTROLO DA DOR CRÓNICA
A W. Diamond e S. W. Coniam

13. ANSIEDADE E DEPRESSÃO
Stuart A. Montgomery

14. O DESENVOLVIMENTO DAS PERÍCIAS DE COMUNICAÇÃO E ACONSELHAMENTO EM MEDICINA
Roslyn Corney

15. ANSIEDADE E DEPRESSÃO. PERGUNTAS E RESPOSTAS
Cosmo Hallstrom e Nicola McClure

16. EXAME PSIQUIÁTRICO DO ESTADO MENTAL
Paula T. Trzepacz e Robert W. Baker

17. AS LÓGICAS DA DEPRESSÃO
Daniel Widlöcher

18. A ESQUIZOFRENIA. INVESTIGAÇÕES ACTUAIS E PERSPECTIVAS
Jean Dalery e Thierry d'Amato

19. PERTURBAÇÕES MENTAIS COMUNS NOS CUIDADOS PRIMÁRIOS
Michele Tansella e Graham Thornicroft

20. CUIDADOS PALIATIVOS
(2.ª ed. revista e ampliada)
Robert Twycross

21. UMA HISTÓRIA DA PSIQUIATRIA
Edward Shorter

22. ANEDONIA, O NÃO PRAZER E A PSICOPATOLOGIA
Marc-Louis Bourgeois

23. OS OPIÁCEOS NO CONTROLO DA DOR
Christoph Stein

24. INTRODUÇÃO À PSIQUIATRIA
Paul Harrison, John Geddes e Michael Sharpe

25. OS CAMINHOS DA ESQUIZOFRENIA
Carlos Mota Cardodo

26. GUIA PRÁTICO DA DOENÇA DE ALZHEIMER
Jacques Touchon e Florence Portet

27. TRATAR A DEPRESSÃO
Greg Wilkinson, Bruce Moore e Pascale Moore

28. AS MULHERES E A ESQUIZOFRENIA
David J. Castle, John McGrath e Jayashri Kulkarni (coordenação)

29. O TABAGISMO. DA PREVENÇÃO À ABSTINÊNCIA
Yves Martinet e Abraham Bohadana

30. FASES INICIAIS DA ESQUIZOFRENIA
Robert B. Zipursky e S. Charles Schulz (coordenação)

31. ADMIRÁVEL CÉREBRO NOVO. DOMINAR A DOENÇA MENTAL NA ERA DO GENOMA
Nancy C. Andreasen

32. ESQUIZOFRENIA DE A A Z
Manuel Bartilotti Matos, Miguel Bragança e Rui Sousa

33. *STRESS* TRAUMÁTICO. ASPECTOS TEÓRICOS E INTERVENÇÃO
Maria da Graça Pereira e João Monteiro-Ferreira (coords.)

34. PERTURBAÇÃO BIPOLAR. GUIA PARA DOENTES E SUAS FAMÍLIAS
Francis Mark Mondimore

35. PERTURBAÇÕES DO ESPECTRO DO AUTISMO. PERSPECTIVAS DA INVESTIGAÇÃO ACTUAL
Sally Ozonoff, Sally J. Rogers e Robert L. Hendren

36. DÉFICE COGNITIVO LIGEIRO O ENVELHECIMENTO E A DOENÇA DE ALZHEIMER
Ronald C. Petersen

37. INTRODUÇÃO AOS CUIDADOS GERONTOPSIQUIÁTRICOS
Pierre Charazac

38. MEDICAMENTOS, QUE REALIDADE? PASSADO, PRESENTE E FUTURO
António Hipólito de Aguiar

39. HISTÓRIA DA ESQUIZOFRENIA
Jean Garrabé

OBRAS DE A. COIMBRA DE MATOS

1. A DEPRESSÃO. EPISÓDIOS DE UM PERCURSO EM BUSCA DO SEU SENTIDO

2. O DESESPERO. AQUÉM DA DEPRESSÃO

3. ADOLESCÊNCIA. O TRIUNFO DO PENSAMENTO E A DESCOBERTA DO AMOR

4. PSICANÁLISE E PSICOTERAPIA PSICANALÍTICA

5. MAIS AMOR – MENOS DOENÇA. A PSICOSSOMÁTICA REVISITADA

6. SAÚDE MENTAL

CARLOS AMARAL DIAS

COSTURANDO AS LINHAS DA PSICOPATOLOGIA *BORDERLAND* (ESTADOS-LIMITE)
Carlos Amaral Dias

OBRAS DE LEÓN E REBECA GRINBERG

1. IDENTIDADE E MUDANÇA
León Grinberg e Rebeca Grinberg

2. CULPA E DEPRESSÃO
León Grinberg

3. MIGRAÇÃO E EXÍLIO. ESTUDO PSICANALÍTICO
León Grinberg e Rebeca Grinberg

4. TEORIA DA IDENTIFICAÇÃO
León Grinberg

PSICOLÓGICA

1. PRINCÍPIOS E PRÁTICA DAS PSICOTERAPIAS – 2.ª ed.
Anthony Bateman, Dennis Brown e Jonathan Pedder

2. A CRIANÇA COM PERTURBAÇÕES DA INTELIGÊNCIA
Bernard Gibello

3. MANUAL DE PSICOTERAPIAS BREVES
Edmond Gilliéron

4. A CRIANÇA E O SOFRIMENTO DA SEPARAÇÃO
Maurice Berger

5. O PENSAMENTO INCONTIDO
Bernard Gibello

6. A EXPERIÊNCIA ANALÍTICA
Neville Symington

7. O ADOLESCENTE SUICIDA
Moses Laufer (coordenação)

8. O DESENHO NO TRABALHO PSICANALÍTICO COM A CRIANÇA
Simone Decobert e François Sacco (coordenação)

9. A PRIMEIRA ENTREVISTA EM PSICOTERAPIA
Edmond Gilliéron

10. INTRODUÇÃO ÀS TERAPIAS DE GRUPO
José Guimón

11. AS CONSULTAS TERAPÊUTICAS PAIS-FILHOS
Gérard Bléandonu

**12. O FANTÁSTICO MUNDO DE ALICE.
ESTUDOS SOBRE A PUBERDADE
FEMININA**
Celeste Malpique

**13. ADÃO E EVA NO DESERTO.
UM OLHAR PSICANALÍTICO**
Jaime Milheiro

**14. SEXUALIDADE INFANTIL
E ABUSOS SEXUAIS A MENORES**
Marisalva Fernandes Fávero

**15. PSICOTERAPIA ANALÍTICA
DE GRUPO COM CRIANÇAS
NO PERÍODO DE LATÊNCIA**
Filipe Sá

16. APOIO TERAPÊUTICO AOS PAIS
Gérard Bléandonu

**17. PERTURBAÇÕES DE ELIMINAÇÃO
NA INFÂNCIA E NA ADOLESCÊNCIA.
DA PREVENÇÃO AO CONTROLO**
Luísa Barros

18. ESTILOS DE COMUNICAÇÃO PAIS-BEBÉ
Sátya Sousa

PSICOLÓGICA DE BOLSO

1. INTRODUÇÃO À PSICOLOGIA CLÍNICA
Jean-Louis Pedinielli

2. INTRODUÇÃO À PSICOPATOLOGIA
Jean Ménéchal

**3. MÉTODOS DE AVALIAÇÃO
DA PERSONALIDADE**
Jean-Luc Bernaud

4. OBSERVAÇÃO CLÍNICA
Albert Ciccone

**5. DIAGNÓSTICO E TESTES
PSICOLÓGICOS**
C. Guillevic e S. Vautier

6. PSICOPATOLOGIA DA CRIANÇA
Myriam Boubli

7. A METAPSICOLOGIA
Paul-Laurent Assoun

**8. O DESENVOLVIMENTO DA CRIANÇA
E SUAS PSICOPATOLOGIAS**
Hervé Bénony

9. A ENTREVISTA CLÍNICA
Hervé Bénony e Khadija Chahraoui

**10. AS TEORIAS PSICANALÍTICAS
DO GRUPO**
René Kaës

SÉRIE *DSM*

1. *DSM-IV* (esgotado)
American Psychiatric Association

**2. MINI *DSM-IV*. CRITÉRIOS
DE DIAGNÓSTICO**
American Psychiatric Association

3. *DSM-IV-TR*
American Psychiatric Association

**4. *DSM-IV* – CASOS CLÍNICOS.
GUIA PARA O DIAGNÓSTICO
DIFERENCIAL**
Allen Frances e Ruth Ross

**5. MINI *DSM-IV-TR.*
GUIA DE REFERÊNCIA RÁPIDO
PARA OS CRITÉRIOS DE DIAGNÓSTICO**
American Psychiatric Association

**6. GUIA DE ESTUDO
PARA O *DSM-IV-TR***
Michael A. Fauman

**7. *DSM-IV-TR* – CASOS CLÍNICOS.
GUIA PARA O DIAGNÓSTICO
DIFERENCIAL**
Allen Frances e Ruth Ross

**8. AGENDA DE INVESTIGAÇÃO
PARA O *DSM-V***
David J. Kupfer, Nichael B. First e Darrel A. Regier

SISTEMAS, FAMÍLIAS E TERAPIAS

1. **A COMPETÊNCIA DAS FAMÍLIAS (2.ª ed.)**
Guy Ausloos

2. **TRATAMENTO DAS PERTURBAÇÕES FAMILIARES**
J. C. Benoit

3. **TERAPIA DOS SISTEMAS FAMILIARES**
Elsa Jones

4. **ADOLESCÊNCIA E CRISE FAMILIAR**
Carole Gammer e Marie-Christine Cabié

5. **AS HERANÇAS FAMILIARES**
Bernard Prieur (coordenação)

6. **FUNDAMENTOS DA TERAPIA FAMILIAR**
Philip Barker

7. **SEMELHANÇAS E DIFERENÇAS ENTRE IRMÃOS**
Otília Monteiro Fernandes

8. **OS OBJECTOS FLUTUANTES. À REDESCOBERTA DA RELAÇÃO DE AJUDA**
Philippe Caillé e Yveline Rey

9. **TERAPIA FAMILIAR. UMA HISTÓRIA PESSOAL**
Lynn Hoffmann

VÉRTICES

1. **O QUOTIDIANO E O INCONSCIENTE**
Hafsa Chbani e Manuel Pérez-Sánchez

2. **A PSICOLOGIA CLÍNICA E O RORSCHACH**
Maria Emília Marques

3. **O PENSAMENTO CLÍNICO DE WILFRED BION**
Joan e Neville Symington

4. **PEQUENO TRATADO DAS PERVERSÕES MORAIS**
Alberto Eiguer

5. **O BURACO NEGRO**
James Grotstein

6. **AS CADEIAS DE EROS**
André Green

7. Passou para Obras de A. Coimbra de Matos

8. **INSISTIR-EXISTIR**
Bernard Golse

9. **O LÍDER SEDUTOR**
Clara Pracana

10. **O MUNDO INTERNO NO MUNDO EXTERNO**
Edward R. Shapiro (coordenação)

11. **DO CORPO AO PENSAMENTO**
Bernard Golse

12. **O CÉREBRO APANHADO EM FLAGRANTE**
Ana Sofia Nava

13. **SEXUALIDADES HUMANAS, AMOR E LOUCURA. CONFERÊNCIAS DE PSICANÁLISE**
Alfredo Capellá

14. **RELAÇÕES DE OBJECTO NA TEORIA PSICANALÍTICA**
Jay R. Greenberg e Stephen A. Mitchell

15. **MORTE E LUTO ATRAVÉS DAS CULTURAS**
Collin Murray Parkes, Pittu Laungani e Bill Young